Leben in Babel

Marion Schmitz-Reiners (Hg.)

Leben in Babel

Eine Lesereise durch die belgische Seele

GEV

www.gev.be
E-Mail: buchverlag@grenzecho.be

Titelbild: „Turmbau zu Babel“
von Pieter Brueghel, d.Ä,
Kunsthistorisches Museum, Wien
Titel- und Innenseitengestaltung:
Cito Communication, Bilstain
Druck: Druckerei Grenz-Echo,
Vervierser Straße 97, B–4700 Eupen
www.grenzecho.be

ISBN: 90-5433-176-3
D/2003/3071/6

Printed in Belgium

Inhalt

Vorwort

Als ich vor genau zwanzig Jahren von Deutschland nach Belgien zog, um dort einen Sohn des Landes zu heiraten, da wusste ich nicht, was mich erwartete. Oder besser: Ich machte mir, damals in Hamburg, von meiner künftigen Wahlheimat ein Bild, das nur einen Zweck hatte: mir die Furcht vor dem Neuen, dem Unbekannten zu nehmen. Rubens war schließlich deutsch-belgisch-niederländisches Kulturgut, sagte ich mir. In Flandern (ich zog nach Antwerpen) spricht man eine Sprache, die dem Deutschen doch irgendwie verwandt ist. Auch Belgien ist ein nordwesteuropäisches Küstenland (man rettet sich, wo man kann). Und auch in Belgien gibt es täglich ein Frühstück, ein Mittagessen, ein Abendessen; es gibt Supermärkte, Radio und Fernsehen; es gibt Männer, die sich zu benehmen wissen, und Kinder, die in den Kindergarten gehen; es gibt so ungefähr die gleichen Verkehrsregeln und politischen Parteien wie zu Hause. Und überhaupt, es wird alles nicht so schwierig werden, wir leben schließlich in einem zusammenwachsenden Europa.

Ich würde also jenseits der deutschen Grenze einfach meine Möbel wieder aufstellen und den Alltag wieder aufnehmen, dachte ich mir. Aber diese Illusion erlosch - ich war noch keinen Monat in Belgien - ebenso schnell und dramatisch wie die Flamme, mit der man hierzulande eine kräftige Hummersuppe flambiert. Ich saß vor einem reich gefüllten Teller. Nun galt es, die Suppe auszulöffeln.

Nicht nur die Hummersuppe schmeckt in Belgien anders als in Deutschland, nicht nur die Kinder, die Politiker und die Autofahrer benehmen sich anders. Im Allgemeinen, so stellte ich fest, ist der Unterschied zwischen einem Belgier und einem Deutschen nicht viel kleiner als der zwischen einem Hamburger und einem Madrilenen. Oder umgekehrt.

Das bezieht sich auf den Umgang mit Politik. Mit Kultur. Mit Essen und Trinken. Mit Sprachen. Auf den Familienzusammenhalt. Auf die Art, zu bauen und zu wohnen. Oder auf fundamentale menschliche Verhaltensweisen wie den Ehrgeiz, über den Mitmenschen zu obsiegen, einen Habitus, der in Belgien wesentlich schwächer ausgeprägt ist als zum Beispiel in Deutschland.

Es dauerte eine geraume Weile, bis ich die verborgenen Vorzüge Belgiens entdeckte und dadurch begann, es zu verstehen und mich dort wohlzufühlen. Das anfängliche Staunen und mein Unverständnis, das Gefühl der Unsicherheit und der Isolation wichen einer zärtlichen Liebe zu einem Land, das jedem seiner Bewohner, ob Belgier oder Nicht-Belgier, die Freiheit gibt, er selbst zu sein, abweichende Meinungen zu haben und individuelles Verhalten an den Tag zu legen – zum Beispiel overdressed auf einem Elternsprechtag oder unrasiert auf einem Empfang zu erscheinen. Der Zugang zum belgischen Alltag wurde mir nicht nur durch meine belgische Familie, sondern auch durch meinen Beruf erleichtert. Als Journalistin lernte ich viele Kollegen kennen, die in der gleichen Situation waren wie ich: die irgendwann aus dem deutschsprachigen Ausland nach Belgien gezogen waren und sich hier zurechtzufinden gelernt hatten. Aber ich machte auch die

Bekanntschaft mit belgischen Journalisten und Schriftstellern, die schnell Freunde wurden. Und ebenso bereichernd waren die Kontakte mit Kollegen in Deutschland, die sich – genau wie ich – in Belgien verliebt hatten.

Aus den vielen Gesprächen, die ich mit ihnen allen geführt habe, ist die Idee zu diesem Lesebuch entstanden. Ich fragte meine Kollegen und Freunde, ob sie nicht einmal niederschreiben könnten, was sie mir erzählt hatten, oder mir bereits Geschriebenes zur Verfügung stellen könnten. Herausgekommen ist ein buntes Kaleidoskop: In Form von Reportagen, Essays, Glossen und Novellen berichten wir über zahlreiche Aspekte Belgiens, die sich nicht jedermann auf den ersten Blick erschließen. Wir laden Sie ein zu einer Reise hinter die Kulissen eines Landes, das ganz anders ist als andere europäische Länder und doch ein Europa im Kleinen, vielfältig und widersprüchlich, manchmal skurril, aber auch tolerant und aufgeschlossen für alle schönen Dinge, die das Leben bereit hält.

Belgien und Babel, nur eine Alliteration? Nein, nirgendwo anders als hier konnte das Gemälde entstehen, das wir auf der Titelseite abgebildet haben: ein chaotischer Turm, gleichermaßen einsturzgefährdet wie stabil - und mithin das Leben, wie es ist. Wenn Sie das Buch genauso gerne lesen, wie wir es geschrieben haben, wenn Sie manchmal schmunzeln können, manchmal gerührt sind, wenn vielleicht die eine oder andere Wissenslücke geschlossen wird, dann haben wir unser Ziel erreicht.

Marion Schmitz-Reiners

Belgien, België, Belgique

Liebeserklärung an ein widersprüchliches Land

Belgien ist aus Paradoxien zusammengesetzt, die zusammen ein unvergleichliches und stabiles Ganzes ergeben. Wie so etwas möglich ist, erklärt Geert Van Istendael *in einer ebenso heiteren wie kritischen Liebeserklärung an sein Vaterland.*

„Herrgott, wie hältst du es bloß um Himmelswillen in Belgien aus?“, rief sie. Sie stammte aus Flandern, aber ich lief ihr in Amsterdam in die Arme, wohin sie vor vielen Jahren umgezogen war. „Geflüchtet“, wie sie es nannte. Ich betrachtete nachdenklich meine Schuhspitzen. So schnell wollte mir keine Antwort einfallen. „Belgien ist dumpf“, sagte sie heftig, „spießig, konservativ, eben Provinz. Und dazu noch diese lächerlichen Zänkereien zwischen Flamen und Wallonen!“ Sollte ich ihr etwa zustimmen? Ich hatte keine Lust dazu, nicht, weil ich mich in meiner Vaterlandsliebe gekränkt gefühlt hätte, einen patriotischen Belgier wird man selbst mit der Lupe nicht finden können, nein, vielmehr schoss mir durch den Kopf, wieso wieder wir, sind andere Länder denn weniger hinterwäldlerisch, rückständig, korrupt?

Das war vor zwanzig Jahren. Ich muss der Frau dankbar sein. Ihr Zorn hat mich zum Schreiben gebracht. Mit folgendem Ergebnis: Pi mal Daumen achthundert ausschließlich der Ansammlung von Paradoxien zum Thema Belgien gewidmete Seiten.

Eine Ansammlung, ja, ein unentwirrbares Knäuel von Paradoxien. Beispiel gefällig? Paradoxie Nummer eins: Belgien ist älter als Belgien.

Mein Land eroberte sich 1830 die Unabhängigkeit, das steht in jedem besseren Nachschlagewerk. Das Königreich Belgien ist also älter als Deutschland, als Italien, als Polen und als fast alle anderen europäischen Staaten. Es steht auch wie ein Fels in der Brandung. Seit der Staatsgründung ist die konstitutionelle Monarchie erhalten geblieben. Unser großer Nachbar im Süden, Frankreich, war in der Zwischenzeit ein Königreich, ein Kaiserreich und einige Republiken. Über Polen, Italien oder Deutschland will ich hier höflich schweigen. Sie werden verstehen, dass ich mir jedes Mal ins Fäustchen lache, wenn ich aus dem Munde im Allgemeinen gut unterrichteter ausländischer Journalisten, die zudem seit Jahren in Brüssel akkreditiert sind, vernehme, das Ende Belgiens sei nahe.

Wissen sie denn nicht, dass Belgien noch viel älter ist als 170 Jahre? Schon seit dem 16. Jahrhundert teilen sich Flamen und Wallonen dieselben Besatzer. 1585 erobert das spanische Heer die kalvinistische Stadt Antwerpen – damals hatte der neue Glaube mehr Anhänger in Flandern und Brabant als in Holland, die Niederlande zerreißt es in zwei Teile. Im Norden geht die junge Republik dem Goldenen Jahrhundert entgegen, unter anderem auch wegen des Zustroms Zehntausender sehr reicher, sehr kluger und vor allem protestantischer Flüchtlinge aus dem Süden. In den südlichen Niederlanden feiern Gegenreformation und Inquisition Triumphe.

Seither fühlen wir uns, egal, welche Sprache wir sprechen, besetzt. Zuerst lebten wir unter den Spaniern, dann unter den Österreichern, dann unter den Franzosen, dann unter den Holländern und schließlich unter den Belgiern. Wundert es Sie also, dass nichts einem Flamen mehr gleicht als ein Wallone?

Natürlich sprechen Flamen und Wallonen nicht dieselbe Sprache. Aber ein Mensch ist doch ein bisschen mehr als seine Sprache. Die Wallonen trinken mehr Wein und die Flamen mehr Schnaps. Das haben die Statistiker herausgefunden. Aber alle Belgier trinken Bier, als koste es das Leben. Und ich möchte noch unser schönstes Beispiel anführen, das Bauen.

Belgier, sowohl Flamen wie Wallonen, bauen teure, riesige Häuser, und kein Haus darf aussehen wie das andere. Belgier bauen überall, und am allerliebsten neben viel befahrenen Straßen. Was bei diesem kollektiven Egoismus herauskommt, nennt sich Straßendorf, es ist eine besonders hartnäckige Form der Backsteinkrätze, die unsere lieblichen Felder und Auen arg verunziert - von La Louvière bis Zoerle-Parwijs, von Lapscheure bis Xhendelesse.

Aber das ist noch nicht alles. Hinter ein Haus gehört ein *kot*. Dieses Wort ist der Mittelpunkt im Weltbild eines jeden Belgiers, deshalb ist es auch in beiden Landessprachen gleich. Für den deutschen Leser schleichen sich möglicherweise Missverständnisse ein, deshalb ist hier eine kurze Erklärung angebracht. Man wohnt hinter, nicht im Haus. Zuerst wird eine Arbeitsküche angebaut. Nicht viel später ragt hinter der Arbeitsküche eine Waschküche empor und unmittelbar daran schließt ein Kaninchenstall und ein Schuppen für die Schubkarre an, und ein Taubenschlag, undsoweiterundsofort, bis der Gartenzaun erreicht ist. Die Bezeichnung für all diese volkstümlichen Baukunstwerke lautet: *kot*.

Ein Reisender, der die schöpferische Kraft dieser surrealistischen Kompositionen in vollen Zügen genießen möchte, sollte am besten mit dem Bummelzug durch Belgien reisen. Sobald der Zug sein Tempo ein bisschen verlangsamt, kann man in aller Seelenruhe studieren, wie sich der Belgier klammheimlich sein Leben eingerichtet hat. In diesem Punkt ist unsere nationale Eintracht nicht zu überbieten. Junge Architekten sind einmal mit dem genialen Vorschlag gekommen, Belgien total umzukrempeln: Die Straßen sollten zwischen den Gärten hinter dem Haus verlaufen. Hinten sollte vorn werden. Erst dann, sagten sie, würden die wahren Wohnträume der Belgier sichtbar. Dagegen ist nur ein einziger, schwerwiegender Einwand vorzubringen: Ein Belgier will nicht sichtbar sein. Diskretion ist eine Tugend besetzter Völker.

Ich habe das Bauen als Beispiel gewählt, weil es sogar beim flüchtigen Hinsehen ins Auge springt. Ich könnte mich über Glauben und Ungläubigkeit auslassen, über Schulen und Gewerkschaften, über Lieben und Essen. In all diesen Bereichen des Lebens, und in vielen anderen, hält der Belgier Gewohnheiten in Ehren, die weder wallonisch noch flämisch, weder französisch noch niederländisch, und ganz bestimmt nicht deutsch sind. Sondern belgisch. Wer das vergisst, wird nie etwas von Belgien begreifen.

Zweite Paradoxie. Der Sprachkampf ist kein Kampf

zwischen Flamen und Wallonen. Das Problem, das ich hier aufwerfe, ist so komplex, dass es auch vielen Belgiern nicht gelingt, es zu entwirren. An dieser zweiten Paradoxie hängt noch ein Nebenwiderspruch: Flamen sprechen nicht Flämisch, die Wallonen nicht Wallonisch.

Lassen Sie uns mit dem Einfacheren anfangen. Vor mehr als achthundert Jahren wurde das erste uns bekannte amtliche Schriftstück in Französisch erstellt – in Wallonien. In alten Weihnachtsliedern sprechen die Hirten wallonischen Dialekt, die Engel singen französisch. Kein Wallone wird also leugnen, dass Französisch zu ihm gehört. Seit Jahrhunderten ist Französisch die Schriftsprache des wallonischen Gebiets, und es wird auch immer mehr zur Umgangssprache.

Die Sprache der Flamen ist das Niederländische und nicht das Flämische. Ich weiß, dass viele Ausländer damit Schwierigkeiten haben, darum hier ein kurzer Vergleich: Spricht ein Gastwirt in Treubach (Oberösterreich) dieselbe Sprache wie ein Gastwirt in Torgelow (Mecklenburg-Vorpommern)? Sprechen die beiden auf ihre Art Deutsch, oder ist Österreichisch wirklich eine eigene Sprache? Wenn beide Deutsch sprechen, dann gehe ich davon aus, dass die Flamen Niederländisch sprechen. Wir, die Flamen, sprechen mit großer Überzeugung unsere Dialekte, wir haben Dutzende davon.

Mir kann es passieren, dass ich ein Lied in meinem geliebten Brüsseler Platt schreibe, und dann singen es meine Freunde und ich zusammen in einer kleinen Kneipe, nicht um herumzualbern, nein, um in *Brabants*, dem uralten Dialekt dieser Stadt, zynisch und wehmütig die durch gnadenlose Sanierungsmaßnahmen erfolgte Zerstörung Brüssels anzuklagen. Aber meine Bücher schreibe ich in Niederländisch, und sie werden in Amsterdam herausgebracht, wie nahezu alle Bücher nahezu aller flämischen Autoren, die diese Bezeichnung verdienen. Flamen und Holländer sprechen die gleiche Hochsprache (das *Algemeen Nederlands*) und benutzen ein gemeinsames Wörterbuch (den „Dicken Van Dale") und eine gemeinsame Grammatik. Es gibt sogar einen Vertrag, der in Europa seinesgleichen sucht, und zwar über die Sprachunion. 1980 wurde er von den Niederlanden und Belgien paraphiert, und sein Zweck ist die Förderung der niederländischen Sprache und Literatur. Das war auch schon einmal anders.

Richter verurteilten noch Anfang des Jahrhunderts flämische Spitzbuben in Französisch, die armen Schlucker kamen ins Loch, ohne auch nur ein Wort des Urteils zu begreifen. Offiziere schikanierten im Ersten Weltkrieg ihre flämischen und wallonischen Rekruten, aber die flämischen umso mehr, denn die wurden bestraft, wenn sie die französischen Befehle nicht verstanden. An Gymnasien und Universitäten wurde Französisch gesprochen, und damit Punktum! Erst 1930, nach hundert Jahren belgischer Unabhängigkeit, wurde in der Universität von Gent Niederländisch eingeführt. Bis in die sechziger Jahre des 20. Jahrhunderts hinein war es im Ministerrat verboten, Niederländisch zu sprechen. Heute wird simultan übersetzt.

Haben die Wallonen die Flamen unterdrückt? Wohl kaum. Es ist kein ethnischer Konflikt.

Die Oberschicht, auch die flämische, sprach im ganzen Land, auch in den flämischen Städten und

Dörfern, Französisch. Niederländisch? Das sprach man *aux animaux et aux domestiques*, mit Tieren und mit Dienstboten, und zwar in dieser Reihenfolge. Ich (Jahrgang 1947) bin in dem Bewusstsein aufgewachsen, meine eigene Sprache sei minderwertig. Feine Leute sprachen Französisch. Bauern sprachen, ja, was denn eigentlich, hatten die überhaupt eine Sprache? Meine Mutter selig hat mir von Kindesbeinen an eingeprägt: zuallererst Französisch lernen. Sie war vielleicht nicht besonders stolz, aber sie war klug, denn ohne Französisch brachte man es damals nicht weit. Der Sprachkampf in Belgien war in erster Linie ein Klassenkampf, wenn ich hier diesen marxistischen Begriff einmal aus der Mottenkiste holen darf.

Heutzutage hat Niederländisch dieselben Rechte wie Französisch. Es hat sie *ohne* Mord und Totschlag bekommen. Das ist ein Wunder, und zwar kein kleines. Im ganzen Sprachkampf (im Deutschen besser bekannt unter dem verharmlosenden Begriff Sprachenstreit) gab es zwei Tote, für jede Sprache einen. Der Flame Herman Van den Reeck wurde in den zwanziger Jahren des vorigen Jahrhunderts von der Polizei erschossen – während einer Kundgebung für die Rechte seiner Sprache. Fünfzig Jahre später wurde Henri Georgin beim nächtlichen Ankleben von Wahlplakaten von einem rechtsradikalen flämischen Nationalisten zusammengeschlagen. Zwei Tote sind zwei zu viel, das gebe ich zu, aber unvergleichlich viel weniger als in Nordirland, im Baskenland oder im früheren Jugoslawien. Daher nenne ich auch ohne Zögern das belgische Modell ein leuchtendes Beispiel der Zivilisation für ganz Europa. Es ist ganz sicher nicht elegant oder brillant, aber es hat zwei Eigenschaften von unschätzbarem Wert: Alle Lösungen sind friedlich zustande gekommen. Alle Lösungen sind demokratisch zustande gekommen. Debatten zogen sich endlos in die Länge, Zank und Streit nahmen kein Ende. Aber wir werfen keine Bomben. Dafür machen wir Gesetze – die häufig genug nicht eingehalten werden.

Dritte Paradoxie: Belgien ist so standhaft, dass es immer wieder Katastrophen braucht, um sich zu verändern. Ergänzender Nebenwiderspruch: Durch diese Katastrophen macht Belgien oft einen ziemlich unordentlichen Eindruck.

Ein Beispiel: Am 17. August 1996 kam der Fall Dutroux ans Licht. Die Eiseskälte der Kindermorde ließ das ganze Land erschaudern. 1996 wurde bei uns die Unschuld ermordet. Nicht, dass in anderen Ländern die Unschuld verschont bliebe. Nicht wahr, auch anderswo werden kleine Mädchen vergewaltigt und erwürgt.

Aber in Belgien gingen die Menschen in Massen auf die Straße. Am 20. Oktober 1996 marschierten dreihunderttausend Belgier in einem Schweigemarsch durch die Straßen ihrer Hauptstadt. Ich war dabei, zusammen mit dem Metzger aus meinem Viertel, mit marokkanischen Backfischen, mit Arbeitslosen, Professoren, Metallarbeitern, Schauspielerinnen. Ganz Belgien, nicht Flandern oder Wallonien für sich, ganz Belgien war in all seinen Teilen über die Grausamkeiten bestürzt, aber auch über die grenzenlose Anmaßung seiner nationalen Justiz. In jenen Tagen wurden Gerichtshöfe von im Allgemeinen gesetzestreuen Bürgern gestürmt.

Heute sind wir sechs Jahre weiter.

Unsere Polizei wird durch die tiefgreifendste Reform seit Napoleon durcheinander gerüttelt. Polizeieinheiten hatten wir viele verschiedene. Sie waren völlig unabhängig voneinander und hatten eine besondere Freude daran, nicht Verbrecher, sondern sich gegenseitig zu bekämpfen. Bald verheimlichten sie wichtige Informationen, bald verhafteten sie Mitglieder der Konkurrenz, in Sachen Schikane kannte ihr Einfallsreichtum keine Grenzen. Im Falle Dutroux war dieser *guerre de flics* (Krieg der Bullen) nicht mehr zu verbergen und schon gar nicht mehr zu beschönigen. Die politischen Parteien der Mehrheit und der Opposition einigten sich schließlich auf die Aufhebung aller Einheiten und die Einführung einer homogenen Polizei.

Unsere Justiz hatte bis vor kurzem zwei Grundkennzeichen: eine maßlose Süffisanz und einen eklatanten Rückstand in der Erledigung ihrer Verfahren. Auf den Schreibtischen der Richter fanden sich Berge von Papier und vielleicht auch eine Schreibmaschine. Nur wenige aufgeklärte Juristen verwendeten einen Computer. Dieser Anachronismus wurde endgültig beseitigt. Heute wird die Justiz mit nicht geringer legislativer Gewalt ins Zeitalter der Elektronik gedrängt.

Ein zweites Beispiel. In den Wochen vor den allgemeinen Wahlen am 23. Juni 1999 brach in meinem Land die Dioxinkrise aus. Tausende vergifteter Hühner waren auf den Tellern nichts ahnender Einwohner gelandet. Triumphierend machten die Nachbarländer ihre Grenzen für alle Köstlichkeiten aus Belgien dicht – da sieht man's wieder, die Belgier, man kann ihnen doch nicht trauen. Der belgische Bürger fühlte sich in seiner Ehre gekränkt, und auch

Bürger fühlte sich in seiner Ehre gekränkt, und auch in seinem Lebensgenuss, denn hier isst man nun mal gern Geflügel.

Jetzt sind wir wieder drei Jahre weiter. Nach den Wahlen wurde auch prompt die Rechnung serviert: Wir bekamen eine Regierung ohne Beteiligung der Katholiken. Und dies bei einem Anteil von fünfundsiebzig Prozent Katholiken an der Gesamtbevölkerung. Das hatte es seit 1958 nicht mehr gegeben. Im vergangenen Jahrhundert saßen die Katholiken sogar vierundneunzig Jahre lang in der Regierung. Die Kommunisten in der DDR sind schon nach vierzig Jahren in die Knie gegangen. Schwächlinge, wenn Sie mich fragen.

Also, Katastrophen. So haben wir vor mehr als hundert Jahren das allgemeine Stimmrecht erworben. So kam unser früherer König, Baudouin, an die Macht. So haben wir nach Jahrzehnten Schulkampf (ja, es gibt nicht nur einen Sprachkampf in Belgien) Schulfrieden geschlossen. Nun, nach zwanzig Jahren Nachdenken, würde ich der westflämischen Frau antworten können. Ich würde ihr sagen, behalt dein Holland, mir ist es zu langweilig.

Nein, dann lieber Belgien. Mit all seinen Sprachen und Kulturen, seiner kleinen und großen Korruption und seinen dilettantischen Lösungen ist Belgien eine Europäische Union im Kleinen. Die Holländer sind die Meister der Planung, Hut ab, aber die Belgier sind die Meister des Kompromisses. Wenn wir das nicht wären, dann schlügen wir uns gegenseitig die Köpfe ein. Und das tun wir nicht. Sie können sich darauf verlassen, Europa braucht Kompromisse. Ich möchte das einmal pointiert in der

Sprache sagen, die, trotz all unserer Zänkereien, in mir lebt und atmet, als wäre sie meine eigene: *L'Europe sera belge ou ne sera pas.* Europa wird belgisch werden oder untergehen.

(Übersetzung aus dem Niederländischen: Marlene Müller-Haas)

Endstation Belgien

Deutsche zwischen Kulturschock und Lebensgenuss

Von Deutschland nach Belgien umzuziehen, vielleicht sogar für immer, das bedeutet viel mehr als nur seinen Wohnsitz von einem Land ins Nachbarland zu verlegen. Und schon gar täuscht man sich, wenn man glaubt, in Belgien gälten die gleichen Normen, gäbe es die gleichen Verhaltensweisen und sei ansonsten auch fast alles so wie in der Heimat. Das hat Renate Kohl-Wachter *am eigenen Leib festgestellt. Sie berichtet von ihren Erfahrungen.*

Ubi bene ibi patria: Wo's mir gut geht, da ist mein Vaterland, hieß es bei den alten Römern. Belgien gehörte damals vermutlich nicht zu den attraktivsten Regionen Europas. Warum sonst hätte Cäsar in seinem „De bello gallico" über Galliens Land und Leute schreiben sollen: „Die Tapfersten von allen sind die Belgier. Einmal nämlich wohnen sie von der Bildung und Gesittung der römischen Provinz am weitesten entfernt und nur ganz selten bringen ihnen Kaufleute Waren, die sie verweichlichen. Sodann sind sie unmittelbare Nachbarn der rechtsrheinischen Germanen und liegen mit ihnen dauernd im Krieg."

Davon kann im vereinten Europa natürlich nicht mehr die Rede sein. Die Nachkommen der damaligen tapferen Belgier und der rauflustigen alten Germanen sind friedlich geworden. Waren, die der Deutsche zum Überleben in der Fremde braucht – nicht aromatisiertes Bier, dunkles Brot, fettigen Leberkäs – das gibt es hier bereits oder kann bei Hamsterfahrten nach Aachen importiert werden. Die meisten Deutschen kommen mit einem gut dotierten Job nach Belgien. Es geht uns, den deutschen Immigranten, also gut hier. Und dennoch wird Belgien nicht unser Vaterland. Wir sind und bleiben Ausländer, wir Deutsche ebenso wie die Briten, Italiener oder Dänen. Sogar die Franzosen bleiben in Belgien Franzosen und die Niederländer Niederländer, obwohl ihnen keine Sprachbarriere den Zugang zu Land und Leuten versperrt. Woran liegt das?

Es liegt an den kleinen Unterschieden, die dem Ausländer auffallen, wenn er Belgien mit seinem Herkunftsland vergleicht. Es gibt welche, die alle Neuankömmlinge befremden, gleich welcher Nationalität: der Müll, der einfach in Säcken aufs Trottoir gestellt wird. Die vielen Hundehäufchen auf den Straßen. Das fatalistische Gottvertrauen der Auto fahrenden Ureinwohner im Stadtverkehr, das im scharfen Kontrast zu ihrem vernunftbetonten Fahrstil auf den hell erleuchteten Autobahnen steht. Die unergründlichen Wege der Bürokratie. Das schlechte Wetter.

Dass darüber alle Europäer gern reden, muss wohl bedeuten, dass sich hierin – zumindest in oberflächlicher Weise – etwas wesentlich Belgisches manifestiert. Wie diese Phänomene bewertet werden, hängt allerdings stark davon ab, aus welchem Teil Europas ein Ausländer stammt. Was der Eine als Gleichgültigkeit deutet, sieht der Andere als liebenswertes *Laisser-faire-laisser-aller*. Was dem Einen wie planloses Durchwursteln vorkommt, interpretiert ein Anderer als Kunst der Improvisation.

Wir Deutsche kommen aber auch noch mit unseren speziellen Sekundärtugenden und Gewohnheiten nach Belgien. Und mit den Erblasten unserer Geschichte. Deshalb fallen uns Dinge auf, die andere Ausländer weniger irritieren und die uns wahrscheinlich mehr über uns selber verraten als über unser Gastland. So kommt uns Deutschen in Belgien erst einmal vieles unpraktisch vor. Allein schon die vielen alten Häuser! Wer soll diese großen Fenster putzen, die Spiegeltüren, die Wintergärten? Wieso ist überall Stein oder Parkett statt Teppichboden? Und erst die 120 Treppenstufen zwischen Keller und Dach! Sehnsuchtsvoll denkt da der Deutsche an seinen letzten Wohnsitz zurück, eine knallweiß gestrichene Etagenwohnung mit doppelt verglasten Fenstern, in der seine zeitgenössischen Möbel nicht so mickrig aussahen und das Bad doppelt so groß war wie die Küche.

Das liegt daran, dass wir so modern sind. Aus Ruinen ist nach 1945 das Deutschland auferstanden, das wir Nachgeborenen kennen: praktisch, quadratisch, gut. Neue-Heimat-Wohnblocks-West, die Platte-Ost, das deutsche Reihenhaus mit den riesigen Müllcontainern im Vorgarten, das von Grün umgebene, weiß gestrichene Einfamilienhaus mit dicken Mauern und dicht schließenden Fenstern, die autofreundlichen Straßenschneisen, Tankstellen, die eigentlich Supermärkte sind. Zigarettenautomaten an jeder Ecke. Menschenleere Fußgängerzonen ab Samstagnachmittag. Dafür gerammelt volle Autobahnen.

Wer eine Weile in Belgien gelebt hat, wo man auf selbstverständlichere Weise von der Vergangenheit umgeben ist, dem kommen viele Nebenwirkungen des Fortschritts in Deutschland problematisch vor. Dort haben die traditionellen Milieus sich aufgelöst. Stattdessen definiert sich der Deutsche über Beruf, Hobbys und Auto. Ein diffuses Unbehagen an dieser Unbehaustheit und Bindungslosigkeit plagt ihn aber doch. Warum sonst müsste er die Tyrannei der Modernität kompensieren, indem er sich im Jogginganzug vor den Fernseher legt und an fünf von sieben Abenden Volksmusiksendungen guckt? Aus diesem Biotop stammen wir. Und wir brauchen lange, bis wir auch nur eine Ahnung davon bekommen, wie anders die belgische Gesellschaft ist. Die sozialen Unterschiede sind weitaus größer als wir es gewöhnt sind. Auch unsere deutschen Kategorien – „meine Frau, mein Haus, mein Auto“ – versagen hier kläglich: An der Kleidung, in der deutschen Mittelstandsgesellschaft ein zuverlässiges Mittel sozialer Zuordnung, erkennt man hier nicht, ob eine ältere Frau Putzfrau oder Professorin ist. Minister können aussehen wie Taxifahrer. Kaum jemand verteilt Visitenkarten. Und kaum jemand beurteilt seine Gesprächspartner nur danach, wie nützlich sie ihm einmal sein könnten. Im Gegensatz zu uns müssen sich die Belgier nicht pausenlos anstrengen oder viel Geld ausgeben, um irgendwo „dazuzugehören“. Weil sie leben, wo sie immer schon gelebt haben, haben sie viele gute Bekannte, alte Freunde und dazu noch ihre ganze Großfamilie am Ort.

Das sind wir Deutschen nun wahrlich nicht mehr gewöhnt. Bei uns betrachten sich seit 1968 die verschiedenen Generationen als Wesen von einem anderen Stern, während sie sich äußerlich nur noch im Verfallsdatum ihrer Jugendlichkeit unterscheiden. Die Familie ist geschrumpft auf Vater und/oder Mutter plus 1,2 Nachkommen. Tanten und Onkels, ja sogar Eltern haben ihre Ehrentitel eingebüßt und werden mit Vornamen angeredet. In Belgien dagegen ist die Großfamilie noch intakt, hierarchisch geordnet und umfasst auch eine unübersichtliche Schar von Kindern, die überall hin mitgenommen werden. Allerdings stören viele belgische Kinder auch weniger als wenige deutsche Kinder, denn durch frühe „Fremdbetreuung" wissen sie sich in der Regel besser zu benehmen als das deutsche Einzelkind, mit dem man bestenfalls eine Hamburger-Kette aufsuchen kann. Und das wäre gerade hier in Belgien schade, wo an jeder Ecke anständige Restaurants zu finden sind.

Aber auch das Verständnis dafür, welche Bedeutung gutes Essen über die reine Ernährung hinaus in Belgien hat, ist dem Deutschen nicht in die Wiege gelegt. Aufgezogen von mehreren Frauengenerationen, die kriegsbedingt das Kochen mit Ersatzstoffen gelernt haben und später in ihren winzigen Neubau-Küchen zum Konservenöffnen übergegangen sind, entspricht die Fünf-Minuten-Terrine am ehesten den deutschen Kochgewohnheiten. Wenn man nicht gleich nur zum Trinken weggeht, dann beschränkt man sich in Deutschland jedenfalls auf einen Gang und achtet sehr auf die Preise. Andererseits hat in den vergangenen Jahren eine breite Aufsteigerschicht erkannt, dass man durch den Besuch von Gourmet-Restaurants seinen sozialen Status markieren kann. Dort bezahlt man dann teuer dafür, dass einen ein vornehmer Weinkellner einschüchtert, und ist froh darüber, dass die Klassik-Rock-Musik im Hintergrund das ungemütliche Schweigen im Raum übertönt.

Die Ungezwungenheit, mit der die Belgier sich bei bestem Essen angeregt unterhalten und amüsieren, ist für deutsche Neuankömmlinge deshalb schockierend. Und dass jeder, aber auch jeder, genau weiß, welcher Burgunder oder Bordeaux zu welchem Essen passt, dass sich auch der Postbote an Silvester Austern und Champagner leistet, dass niemand an den Tierschutz denkt, wenn die Gänsestopfleber so schön hell und fettig auf dem Teller liegt: Das grenzt für uns Deutsche schon an moralische Verwerflichkeit.

Wir Deutsche müssen uns die Fähigkeit, das Leben zu genießen, nämlich schwer erarbeiten und folgen dabei gern unserem Leitmotiv: „Wenn etwas Spaß macht, dann macht man etwas falsch.“ Statt in den lebensnotwendigen Dingen suchen wir den Lebensgenuss auf den abenteuerlichsten Umwegen: in Selbsterfahrungsgruppen, in Einkaufsparadiesen oder auf Reisen in exotische Länder. Einen Mittelweg zwischen grölendem Auf-den-Putz-Hauen und ängstlicher Anpassung an den gerade vorherrschenden Trend finden wir nur schwer. Wie wir in den Augen der anderen dastehen, ist viel zu wichtig. Aber hier in Belgien erfahren wir es nicht.

Und das ist gut so. Aber auch daran müssen wir uns erst gewöhnen. Niemand schaut uns schief an, wenn ein Kleinkind einen Wutausbruch bekommt, weil es ein Eis will. Niemanden interessiert es, ob wir ein neues oder ein altes Auto fahren. Kein

Belgier würde uns je darauf aufmerksam machen, wie sehr wir uns beim Stadtteil-Barbecue daneben benommen haben, indem wir keines unserer abgezählten Würstchen den Nachbarn angeboten haben. Im schlimmsten Fall werden Entgleisungen mit einem kaum merklichen Abrücken beantwortet. Große Aussprachen aber werden vermieden. „Gut, dass wir darüber geredet haben!“ gibt es nicht. Im Unterschied zu uns genießen die Belgier auch die Freiheit, ihre Meinung nicht zu sagen.

So sehr wir mit der Zeit diese Zurückhaltung schätzen, sie erschwert uns aber auch den Zugang zu Land und Leuten. Von Dutroux abgesehen wissen wir wenig von Belgien, wenn wir hierher kommen. Viele Fixpunkte der belgischen Identität sind uns fremd und bleiben das auch lange: Die Bedeutung der ehemaligen Kolonien für das Selbstverständnis eines „kleinen“ Landes, die Monarchie als Klammer zwischen Sprachgruppen und Landesteilen, der Patriotismus eines zutiefst unpatriotischen Volkes, der sich im Heraushängen der belgischen Fahne an den Nationalfeiertagen und in Veteranenmärschen zum Rathaus äußert, oder das Pfadfindertum. Vieles, was wir davon nicht verstehen oder nicht (mehr) kennen, ist in der Geschichte begründet. Einer Geschichte, in der Belgier und Deutsche verschiedene Erfahrungen gemacht und oft nicht auf derselben Seite gestanden haben.

Es kommt selten vor, dass einmal ein Belgier darüber redet, wie es war, als Kind von einem Tag auf den anderen aus dem Kongo ausgeflogen zu werden. Ebenso selten geschieht es aber auch, dass wir Deutsche auf unsere jüngere Geschichte angesprochen werden, die – von Belgien aus gesehen – immer noch einem Tretminenfeld gleicht. Niemand erwartet hier von uns, dass wir beim gemütlichen Zusammensitzen erst einmal unsere Vergangenheit bewältigen. Die deutschen Diskussionen, die schnell ins Prinzipielle oder Hysterische abgleiten, das Einordnen in weltanschauliche Schubladen, das wild gewordene Gutmenschentum: Solche Verhaltensmuster gewöhnt man sich in Belgien besser ab, wenn man seinen Mitmenschen peinliche Situationen ersparen will.

Die Belgier sind nämlich keine Missionare. Sie erwarten gar nicht, dass wir mit fliegenden Fahnen zu ihnen überlaufen. Das ist für uns eine überraschende Erfahrung, denn wenn wir Deutsche ins Ausland gehen, erliegen wir gerne der Versuchung, uns statt mit unserem schwierigen Vaterland lieber mit einem glücklicheren Gastland zu identifizieren. Das kann in den USA oder in Frankreich gelingen. Belgien mit seinen eigenen Identitätsproblemen und heterogenen Wurzeln, seiner Zwitterstellung zwischen den Kulturkreisen, seiner langen Vergangenheit als besetztes Land macht es uns Deutschen aber schwer, diesem Reflex so richtig nachzugeben.

Außerdem kommen wir Deutsche - wie auch die vielen anderen Europäer - in der Regel nicht hierher, weil Belgien so schön ist, sondern weil eine interessante Arbeit wartet. Meist eine Arbeit für Europa. Alltag und Sprachbarrieren sind keine unüberwindlichen Hindernisse. Unsere Nationalität wechseln wir trotzdem nicht. Wenn wir lange genug hier in diesem „europäischen Laboratorium“ bleiben, lernen wir immerhin irgendwann, dass dies auch gar nicht nötig ist: Weil wir Europäer sind, müssen wir keine Belgier werden, um hier eine Heimat zu finden. Europa ist eine Kultur der Vielfalt. Sie bereichert, aber sie verändert uns nicht im Innersten. Auch uns Deutsche nicht. Und wenn wir immer noch mit unserer Hässlichkeit hadern: An den Belgiern liegt es nicht.

Die „Menschen von bei uns“

Antwerpen und der Vlaams Blok

Rund ein Drittel aller Antwerpener wählt seit 1994 die rechtsradikale Partei Vlaams Blok. Bedeutet das, dass man einen großen Teil der Bewohner der traditionell weltoffenen Hafen- und Handelsstadt mit Faschisten, gar Neonazis in einen Topf werfen muss? **Benno Barnard** *versucht, ein undurchsichtiges Phänomen zu ergründen.*

Am Tag nach den Gemeinderatswahlen vom 8. Oktober 2000, die der Vlaams Blok in Antwerpen zum zweiten Mal mit mehr als dreißig Prozent gewonnen hatte, am Tag nach diesen Wahlen fragt ein Marokkaner in einem Antwerpener Waffengeschäft nach einem Gewehr. Der Inhaber sagt, dass er ihm das gewünschte Schießgerät nicht verkaufen könne. Dann vielleicht eine Pistole? Ebenso wenig. Ein Messer? Auch nicht. „Ham Se was gegen Makakken?...“ ruft der aufgebrachte Maghrebiner. „Doch, sicher“, antwortet der Inhaber, „Gewehre, Pistolen, Messer...“

Ich hörte diesen Witz von einem politisch unverdächtigen *tooghanger* am Abend eben jenes 8. Oktobers in einer vollen Kneipe, wo alles nervös durcheinander redete über die elektorale Götterdämmerung, die soeben über die Scheldestadt hereingebrochen war. Alles war typisch Antwerpen, das Lokal, das Pathos der Gespräche, dieser Witz... „Haben Sie vielleicht etwas gegen Marokkaner?“ Noch vor der Pointe, noch bevor ich loslachte, zuckte das Schreckbild durch meinen Kopf, dass ich Antwerpen, Flandern, Belgien nun wieder würde verteidigen müssen gegenüber dem orthodox-demokratischen Holländertum mit seinem kultivierten Unverständnis für das eine Teilchen aus dem großen Weltpuzzle, das immer übrig bleibt.

Holland rief mich am Montagmorgen an, in der Person eines alten Freundes, tätig bei einem Provinzblatt. Seine Stimme, voll moralisierender Spitzfindigkeit, voll unterdrückten Triumphes, dröhnte in mein Ohr. Flamen! Xenophobie! Faschismus! Er habe es schon immer gewusst... Und wann ich wegzuziehen gedächte? Ich erwiderte, dass der Vlaams Blok mich dann wohl deportieren müsse, dies sei schließlich auch meine Stadt. „Hör mal,“ sagte ich, „ich erklär’ dir das später noch mal genauer. Hast du übrigens ein Gewehr?“ Er lachte freudlos.

Wo, wo, wo, in Himmels Namen, anfangen? Beim Fall von Antwerpen 1585? Bei Léon Degrelle, der 1930 die rechtsradikale Rexbewegung gründete und im Zweiten Weltkrieg die Wallonen an der Ostfront befehligte? Bei den Gemeinderatswahlen im Oktober 1938? Oder vielleicht 1978 bei der Gründung des Vlaams Blok?

Um zu beginnen, ein Antwerpener Glossar: ein *tooghanger* ist ein Zecher, der in der Kneipe am Tresen hängt, *Makakken* (eigentlich eine Affengattung) ist ein beliebtes Schimpfwort für Marokkaner. Der Witz des *tooghanger* nun, der ist ausgesprochen antwerpisch, doppelsinnig, sowohl rassistisch als auch antirassistisch: In einem eindeutig rassistischen Witz hätte der Marokkaner nämlich Arabisch gesprochen. Aber er spricht reinstes Antwerpisch und nennt sich selbst einen Affen - was als Beispiel einer fortgeschrittenen Integration gelten mag.

Dieselbe Zweideutigkeit kennzeichnet auch den typischen Antwerpener, den Witzbold, aus dem die Natur einen gastfreundlichen Genießer und die Geschichte einen beschränkten Chauvinisten gemacht hat, sodass er, alles in allem, ebenso unausstehlich wie auch einnehmend, ebenso misstrauisch wie herzlich, ebenso rebellisch wie dogmatisch ist. Er kann feierlich verkünden, dass alle Fremden „raus müssen", aber selbstverständlich ist sein freundlicher muslimischer Nachbar von dieser Maßnahme auszuschließen – er wird das alles in ein und demselben schleppenden Satz sagen, geknetet aus dem sämigen Brei seiner Diphtonge. Auf diesen Widerspruch komme ich noch zurück. Inzwischen sollte man das schwache Abstraktionsvermögen und die schwache politische Logik des Antwerpeners kurz im Gedächtnis behalten: Sie sind der Schlüssel zu seiner, meiner Stadt.

Ob Filip Dewinter den Waffenhändlerwitz kennt? Angeblich tut Dewinter sich im Auftischen von Marokkaner- *und* Judenwitzen hervor (bald wird deutlich werden, warum ich die Konjunktion kursiv setze). Das berichtet ein gewisser Diederik, ehemaliges Mitglied des Antwerpener Corps der Nationalistischen Studentenverbindung (NSV), deren Vorsitzender Dewinter in den frühen Achtzigern war. Weiterhin bezeugt dieser: „Das Horst-Wessel-Lied war sehr beliebt, wurde jedoch bei offiziellen NSV-

Versammlungen niemals gesungen. Pflichtlektüre waren Werke von und über Léon Degrelle, Himmler, Rudolf Hess. >Mein Kampf< haben wir uns einfach aus der Bibliothek geholt. Ich habe davon exakt 76 Seiten gelesen... An einen Ausspruch von Dewinter erinnere ich mich noch sehr gut: >NSV steht nicht für Nationalistische Studentenverbindung, sondern für National-Sozialistische Verbindung.< Die Farben unserer Fahne sind nicht zufällig rot, weiß und schwarz wie die der Nazis."

Der NSV ist so etwas wie das Vorzimmer des Vlaams Blok. Doch als Dewinter 1985 in die Partei einmarschierte, war sie kaum mehr als ein undurchsichtiger Freizeitclub für pensionierte Kollaborateure und konservative flämische Nationalisten, die, ihrem Vorsitzenden Karel Dillen folgend, 1979 die gemäßigt-nationalistische Partei Volksunie verlassen hatten und bereits sieben magere Jahre lang dasaßen, um auf die Richtigkeit der eigenen Weltanschauung zu trinken, kahl, schlaff, kaum zwei Prozent der Stimmen wert.

Das änderte sich, sobald Dewinter auf der Bühne erschien und sich durch die Reihen des altgedienten Hofstaats hindurch seinen Weg zum Thron bahnte. Es war die archetypische Situation des Königsdramas: Der jugendliche Rivale belauert den alten Herrscher. Dillen, kein Nazi durch und durch, trotz seiner Schwäche für den Revisionismus, eher eine Art Edelfaschist, ein Eiferer für die korporatistische Staatsidee, sofern sie auf flämischen Leisten geschustert wird – dieser Dillen, halb-intellektuell, bleich, unattraktiv, mehr Brillengestell als Charisma, musste also nun in den Ring gegen den anti-intellektuellen Dewinter, *beau garçon*, begabter Volksverführer, ein

Rattenfänger, dem seinerseits ein Strom jugendlichen Ungeziefers folgt... Die Lösung war belgisch, unblutig, ein Kompromiss: Dillen begnügte sich mit dem Ehrentitel des „Vorsitzenden auf Lebenszeit" und Dewinter bekam die eigentliche Macht in die Hände – eine provinzielle Variante des Verhältnisses zwischen Hindenburg und Hitler. Mit dem eigenen vulgären Programm führte Dewinter die Partei bei den Gemeinderatswahlen 1988 zu ihrem ersten eklatanten Sieg, 17 Prozent in Antwerpen, dem Versuchslabor der flämischen Politik und uraltem Bollwerk der Extreme.

Ein merkwürdiger Fall, dieser Dewinter. Verkrachter Student der Politik- und Sozialwissenschaften. Wenig Allgemeinbildung. Wiewohl der Vlaams Blok vorgibt, „die Eigenheit der flämischen Kultur" zu verteidigen, wäre Dewinter nicht in der Lage, diese Eigenheit anders zu umschreiben als in Begriffen von Bierkonsum und Fernsehgewohnheiten. Die prahlerische Sentimentalität, die germanische Mythen, geschwollene Opernfinale und architektonischer Bombast ehedem im Nazigemüte weckten, sind ihm durchaus fremd – und wenn er das Wort „Kultur" hört, zieht er ein Gesicht. Auch im ideologischen Sinne ist er, nun ja, ein *tooghanger*, der ganz Antwerpen mit den Plattitüden der Rechtsradikalen überzieht. Es ist sehr fraglich, ob der Possenreißer Dewinter einen mehr als zehnminütigen Vortrag über Theorie und Geschichte der Heilslehre, die er verkauft, bestreiten könnte: Man hat den Eindruck, dass sie ihm nicht mehr bedeutet als dem Hausierer das Lexikon, das er verkauft. Ob er in „Mein Kampf" jemals bis Seite 76 gelangt ist? *Hat* Dewinter denn überhaupt eine Ideologie? Vielleicht hat er einfach nur Charisma, die besondere Gabe, immer mehr Menschen um sich zu scharen, eine Kneipe, eine Stadt, ein ganzes Volk...

Und seine Deportationspläne für unerwünschte Ausländer?

Ich würde diese Pläne als „Ideologie à la carte“ definieren wollen. Dewinter ließe augenblicklich den gesamten von seiner Partei gepredigten Glaubensartikel der ethnischen Reinheit wieder fallen, denke ich, sobald er sich davon bessere Aussichten bei der nächsten Wahl verspräche. Er träumt nicht von der Einführung eines radikalen „jus sanguinis“, demzufolge die Rechtsposition eines Einzelnen lediglich auf seinem Blut basiert – vorausgesetzt, er kennt diesen Begriff überhaupt. Er hegt keinen Mythos, keine Berufung, er ist keine verkannte Künstlernatur, er hat keine perverse Beziehung zu den Göttern. Er ist lediglich machtgeil, und das im wörtlichen Sinne. Aber sollte das Volk, seine große Liebe, morgen Kopftücher attraktiv finden, plädierte er morgen für die Pflicht, Kopftücher in den Schulen zu tragen.

Ich möchte in diesem Zusammenhang auf eine subtile semantische Besonderheit hinweisen: Das Wort „Volk“, so wie Dewinter es in seinem bekannten Slogan „Das eigene Volk zuerst“ meint, dieses Wort klingt in Antwerpener Ohren weder nach „arbeitender Klasse“ noch nach „ethnischer Gruppe“, und schon gar nicht weckt es Assoziationen an „Nationalismus“ oder sonstiger wunderlicher Hämatologie. Für das Volk bedeutet „Volk“ einfach „wir“, die Freunde, die Nachbarschaft, die Kneipe, kurzum, „die Menschen von bei uns“, wie die Antwerpener zu sagen pflegen. Zu den „Menschen von bei uns“ gehören für Dewinter auch die Hooligans vom Fußballverein Beerschot, aus deren Mitte er die Mitglieder seiner eigenen „Sturmabteilung“ rekrutiert hat, zwischen hundert und zweihundert Straßenschlägern stark. Ja, Dewinter krempelt auch gerne mal persönlich die Ärmel hoch: Er hat einen ordentlich gewalttätigen Ruf. Aber er hat auch schauspielerisches Talent, ein Lächeln, einen gesunden Haarwuchs, eine etwas zu schrille Krawatte.

Was für ein prickelnder Gedanke, dass Antwerpen mit all seiner Geschäftigkeit, Eleganz und kosmopolitischer Überheblichkeit „rechter“ wählte als Österreich! Ich gebe zu, dass mich der Gedanke fasziniert, dass nirgendwo sonst in Europa so viele faschistische Wähler und chassidische Juden beieinander leben wie hier... Ich selbst wohne also mitten in der Geschichte! Doch das ist lediglich Eitelkeit.

Die Chassidim aber, die an jeder Ecke der Pelikaanstraat rege auf Jiddisch debattieren? Die Diamantenbranche bietet direkt oder indirekt 30 000 Menschen Arbeit und stellt sieben Prozent des gesamten belgischen Exports. Nur ein rabiater Verrückter würde die Juden wegekeln wollen. Solch ein Verrückter ist zum Beispiel Roeland Raes, einst zweiter Vorsitzender des Vlaams Blok, dem es einmal entfuhr: „Sie haben einen eigenen Staat, also gehört ein Jude nach Israel.“ Doch der weniger törichte Filip Dewinter beeilte sich nach den Wahlen, in einem Schreiben an die Zeitung „Belgisch-Israelitisch Weekblad“ zu erklären, dass seine Partei anti-

antisemitisch sei: Die jüdische Gemeinschaft sei ein Teil der Antwerpener Bevölkerung... Aber sicher! Korrespondieren mit den Juden und gleichzeitig Judenwitze erzählen! Was für Methoden! Wie schon Sidney Berneman, der Vizepräsident des Antwerpener Forums jüdischer Organisationen, in der Zeitung sagte: „Wir haben nicht einen einzigen Grund, den schönen Worten der Rechtsradikalen Vertrauen zu schenken. (...) Sie versuchen, uns einzulullen, aber wir fallen nicht darauf herein." So also die Antwort der jüdischen Gemeinschaft an diesen *gojischen kopflech*.

Vielleicht ist dies der geeignete Moment, um die rechtsradikale Vergangenheit Antwerpens noch einmal aufzurollen.

Ich habe bereits erzählt, dass Antisemitismus und Nationalismus im Antwerpen der dreißiger Jahre gärten wie Heu: der „Verbond der Dietschen Nationaalsolidaristen" (Verdinaso) von Joris Van Severen, die Nationale Legion, die organisierte Volkswehr... in der Stadt wimmelte es förmlich von politischen Wirrköpfen, Blut- und Bodenideologen und übereifrigen Flandern-Nationalisten, dennoch zählten die verschiedenen Gruppierungen zusammen nicht mehr als ein paar tausend Mitglieder. Vor den Gemeinderatswahlen im Oktober 1938 führten die belgizistisch-faschistische Rex-Partei Léon Degrelles und der Flämische Volksblock ihren Wahlkampf mit den Slogans „Belgien den Belgiern" beziehungsweise „Antwerpen den Antwerpenern". Die Wähler, der Krise gegenüber machtlos, widerspenstig, antwerpisch, angeheizt durch die Stimmungsmache Joris Van Severens, des Führers des Verdisano, und ähnlichen Gesindels gegen die vielen jüdischen Flüchtlinge, bescherten den Rechtsradikalen einen Wahlgewinn von ähnlichem Ausmaß wie dem gegenwärtigen des Vlaams Blok.

Drei Jahre später, am Abend des 14. April 1941, inspirierte eine Vorführung des Propagandafilmes „Der ewige Jude“ zweihundert Stück Pöbel zu dem, was man später „das Antwerpener Pogrom“ nennen sollte: Niemand verlor sein Leben, aber die Straßenschläger warfen nach Herzenslust Scheiben ein, zündeten zwei Synagogen und das Haus des Oberrabbiners an und posierten danach gemütlich für einen Schnappschuss - auf diesem historischen Foto sieht man zwei rauchumkringelte Banner, mit einem Totenkopf aus einem Jugendbuch über Seeräuber lebendiger gestaltet, bestickt mit den Worten „Juda verrecke“ und „Rasse und Boden“. „Anlässlich des Antwerpener Pogroms“, so schreibt der Historiker Lieven Saerens in seinem sehr informativen Essay *„Zo begon het toen“* (So fing es damals an), „reagierte die Weiße Brigade empört, schlussfolgerte jedoch: ‚(...) denken Sie jetzt nicht, dass wir Belgier für die Juden wären. Nein, weit gefehlt. Aber trotzdem, auch ein Jude ist ein Mensch.‘ Wirklich schockiert war die Bevölkerung erst durch die Anordnung vom Juni 1942, die das Tragen des Judensternes vorschrieb. Zum ersten Mal wurde sie leibhaftig mit dem Antisemitismus der Besatzer konfrontiert. Allmählich ging die Entrüstung in Solidarität mit den jüdischen Mitbürgern und tatkräftige Unterstützung über.“

Wie... antwerpisch! Anders kann ich es nicht ausdrücken. Aus dem Munde der Weißen Brigade teilte das Volk in rassistischen Worten mit, dass es die

Konsequenzen des eigenen Rassismus widerwärtig fand. Dies also meinte ich zuvor mit meiner Bemerkung zum Abstraktionsvermögen und der schwachen politischen Logik des Antwerpeners. „Auch ein Jude ist ein Mensch..." Der Rassismus dieser Redewendung wird mein puritanisches Holland wohl mit Grausen erfüllen. Aber man muss auch wissen, dass 33 Prozent der Antwerpener Juden den Krieg überlebt haben, trotz der Unterstützung, die die Deutschen von diversen kollaborierenden Gruppen erhielten - während der Prozentsatz der Überlebenden in Amsterdam so schmerzhaft niedrig war, dass es im Nachhinein so aussieht, als habe meine Geburtsstadt damals in Polen gelegen.

Wenn die Republikaner in einer Stadt wie Köln oder München etwa ein Drittel der Stimmen erhalten hätten, würde es mir nicht unbedingt einfallen, mir dort während des Wochenendes die Beine zu vertreten. Im verseuchten Antwerpen jedoch kann bis auf Weiteres kaum von einem irgendwie gearteten „körperlichem" Rassismus die Rede sein: Selbst die Hooligans von Beerschot stürzen sich vorzugsweise auf ihre Kollegen vom RFC Antwerpen. Die relative Friedfertigkeit muss das flanierende Holland allmählich in Erstaunen versetzen! Doch der Antwerpener, der Flame, der Belgier im Allgemeinen beherrscht nun einmal wie kein anderer die Kunst des unblutigen Kompromisses, der Kneipenversöhnung, der *solution belge*, denn er ist durch ein Land geformt, das (es wird peinlich, dies immer wieder wiederholen zu müssen) seit Jahrhunderten Besatzer hat kommen und gehen sehen wie ein Kornfeld Heuschrecken. So gibt es denn auch nirgendwo sonst in

Europa eine nationalistische Bewegung wie die flämische: reaktionär, schwärmerisch, viel Weihwasser, viele Banner, viele Lieder und trotzdem größtenteils friedlich.

Wo aber kommen denn all die Stimmen her, in einer Stadt, der es ökonomisch sicherlich nicht schlechter geht als vor dem Auftauchen Dewinters und die im Vergleich mit den meisten großen Städten so sicher ist, dass meine aus Amerika stammende Joy manchmal die Anwandlung unterdrücken muss, ihre Handtasche spontan einem vorübergehenden Marokkaner auszuhändigen? Welche Elemente erklären den Erfolg der vermaledeiten *plastron-fascisten*, dieser Krawattennazis?

Da ist natürlich die Wahlpflicht, die dazu führt, dass ein jeder im Vorfeld der Wahlen genauestens darüber informiert wird, welcher Unfrieden in den Vierteln herrscht, in denen er *nicht* wohnt. Da ist die katholisch-rote Koalition, die in Antwerpen länger an der Macht war als es die meisten kommunistischen Parteien ausgehalten haben. Da ist die Fusion von 1983: Vor allem in den sechs von der Stadt Antwerpen verschlungenen Gemeinden erzielt der Vlaams Blok hohe Ergebnisse, was nicht weiter verwunderlich ist, berücksichtigt man die tiefe Abscheu der Belgier vor zentralistischen Verwaltungsformen (in den 19 weitgehend selbstständigen Gemeinden Brüssels, wo bis zu acht Mal so viele Ausländer wohnen wie in Antwerpen, haben nicht halb so viele Menschen die Rechtsradikalen gewählt). Und da ist Filip Dewinter, dem die Götter den Vlaams Blok in den Schoß legten.

Bin ich nun düster gestimmt? Ich bin immer düster

gestimmt. Aber ich tröste mich mit dem Gedanken, dass der Vlaams Blok seinen soziologischen Sättigungspunkt erreicht haben müsste. Ich tröste mich mit dem Gedanken, dass der Antwerpener Rassismus nicht viel mehr ist als so etwas wie optischer Unmut. Ich tröste mich mit der politischen Logik meiner Antwerpener, die so dermaßen schief ist, dass manch einer sofort bereit wäre, das Gegenteil von dem zu tun, was er soeben verkündet hat. Eine von der Zeitung „Gazet van Antwerpen“ vor einigen Jahren durchgeführte Umfrage ist in dieser Hinsicht sehr aufschlussreich: Der Stichprobe zufolge würde die grüne Diva Mieke Vogels im angenommenen Fall direkter Bürgermeisterwahlen drei- bis viermal so viele Stimmen erhalten wie Filip Dewinter. (Ihr Slogan „Fische in die Schelde, Vogels ins Rathaus“ erfreute sich großer Beliebtheit, erst recht, nachdem das Volk ihn auf befriedigende Weise übersetzt hatte: „Fischen in der Schelde, vögeln im Rathaus“.)

Und ich tröste mich mit der Gewissheit, dass ein Makakke doch auch ein Mensch ist.

Wo finde ich noch mehr Trost?

In der Kneipe bei mir an der Ecke, wo ich heute Mittag Zigaretten holte. Ob ich gehört hätte, dass der Papst gestorben sei? Vor der Himmelspforte steht eine Schlange Wartender, doch der verstorbene Kirchenfürst ignoriert diese und klopft an. Petrus öffnet und mustert den Primas von Kopf bis Fuß. „Hinten anstellen, bitte.“ Der Papst gehorcht etwas verstimmt. In diesem Moment hat ein Rabbi auf der Pelikaanstraat einen Herzinfarkt. Auch er spaziert geradewegs auf die Himmelspforte zu, doch als er klopft, wird er sofort eingelassen. Johannes Paulus stürmt wütend nach vorne und hämmert ans Tor.

„Ja?“ sagt Petrus. „Warum darf der Jude vor mir rein?“, ruft Seine Heiligkeit empört. Petrus lächelt tausend Jahre lang und sagt dann: „Das eigene Volk zuerst.“

(Übersetzung aus dem Niederländischen: Wortwechsel)

Olympio in Brüssel

Auf den Spuren von Victor Hugo

Der Schriftsteller Victor Hugo (1802-1885) hielt sich, zusammen mit anderen französichen Exilanten, von 1851 bis 1871 mit Unterbrechungen ungefähr drei Jahre lang im damals ungemein liberalen Brüssel auf. ***Dirk Leyman*** *suchte die Straßen auf, in denen der Dichter lebte, die Kneipen, die er frequentierte, und die Sehenswürdigkeiten, die er – abgesehen von sich selbst – bewunderte.*

Noch in den trostlosen Kavernen des Brüsseler Zentralbahnhofs schießt mir der Titel eines Buches von Bruce Chatwin durch den Kopf: „What am I doing here?". Durch die Gänge hallen martialische Schreie von Anderlecht-Fans. Das Gefühl, vollkommen fehl am Platz zu sein, weicht auch nicht, als ich zur Rue du Marché aux Herbes hinuntergehe, wo trotz allem eine schüchterne Februarsonne die Gesichter der Touristen mit einer Schicht Glückseligkeit salbt. Überreich mit diesem vorzeitigen Frühling beschenkt, nehmen sie unbekümmert die ganze Straßenbreite in Beschlag. In meinen Bemühungen, nicht gegen einen Deutschen zu prallen, der gerade einen Hamburger vertilgt, renne ich doch noch ein zierliches japanisches Mädchen um, das verträumt sein „Manneken Pis" in Miniaturformat betrachtet. An seinem Arm baumeln Taschen, in denen sich ganze Kriegsvorräte von Neuhaus-Pralinen befinden.

Belgium in 24 hours. Das dürfte eine schwere Prüfung sein.

Ich bin auf der Suche nach einem Schriftsteller, auf der Jagd nach einem Monument, einem Mythos, einem Magneten. Es ist ein Schriftsteller, den alle kennen, den jedoch kaum jemand liest. Und so bahne ich mir über die Hindernisse des merkantilen Brüssel hinweg den Weg zur Grand Place. Und dort ausgerechnet zu einem Laden, in dem Brüsseler Spitze verkauft wird. Im Kielsog einer Gruppe von Touristen in Wanderschuhen betrete ich das gotisch-barocke Epizentrum Brüssels. Dort leiert ein Stadtführer seinen Schnellkurs in Kunstgeschichte herunter: „Haus Nr. 1 ist das Zunfthaus *De Koning van Spanje*, Nr. 9 das Haus *De Zwaan*, in dem Karl Marx das Kommunistische Manifest geschrieben hat, Nr. 10 das *Brouwershuis* mit dem *Brouwersmuseum*, und in Nr. 26 und 27, neben dem *Broodhuys*, lebte der französische Schriftsteller..."

Nein, werter Leser, der literarische Spaziergänger hat es nicht immer leicht. Nicht immer zogen sich Autoren und Romanfiguren in Häuser zurück, von denen heute der Putz abblättert und die in schmutzigen, doch ruhigen, abgelegenen Gassen liegen, in Häuser, die sich leicht poetisieren lassen, die bereitwillig Melancholie verströmen und die fern von der bewohnten Welt ihr Dasein fristen. Denn manche Autoren zogen zielsicher in den Mittelpunkt der Aufmerksamkeit, in eine Umgebung, die ihre eigene Größe widerspiegelte. Ganz gewiss war dies der Fall in der ersten Brüsseler Periode des von uns gesuchten Schriftstellers: Victor Hugo, *l'homme océan, Olympio*, das *monstre sacré* der Romantik des 19. Jahrhunderts, Verfasser von „Die Elenden" und „Der

Glöckner von Notre Dame“, der sich selbst als Genie bezeichnete – der Politiker, Plauderer, Pamphletist, Liebhaber und was er nicht sonst noch alles war. Nicht einmal seinen Biographen reichte ihr einziges Leben aus, um die Glanzleistungen ihres Studienobjektes ins rechte Licht zu rücken.

Ende 1851 wird Hugo der französische Boden unter seinen Füßen zu heiß. Er bezieht leidenschaftlich Stellung für das allgemeine Wahlrecht und die Pressefreiheit und prangert den beklagenswerten Zustand des französischen Unterrichtswesens an. Am 2. Dezember verübt Napoleon III. seinen Staatsstreich, und der politische Rebell Hugo, der inzwischen immer weiter nach links gerückt ist, hält es für ratsam, das Schicksal nicht weiter herauszufordern. Er nimmt die Identität des Setzers Lanvin an und flüchtet eiligst, doch stilvoll, in den Norden. Anschließend wird er ein halbes Jahr lang an der Brüsseler Grand Place wohnen. Dies ist der Beginn einer zwanzig Jahre währenden Verbannung aus Frankreich, die er hauptsächlich auf Jersey und dort im berühmten Hauteville House auf Guernsey verbringen wird.

Nachdem er sich im (inzwischen verschwundenen) schmuddeligen Hotel „De Groene Poort“ in der Rue de la Violette von den ersten Aufregungen erholt hat, entscheidet sich der selbstbewusste Hugo für eine Bleibe mit Grandeur. Zunächst verweilt er in Haus Nr. 16 an der Grand Place (wo auch die Brontë-Schwestern einige Zeit verbracht haben). Doch dort ist es ihm zu eng, also mietet er über einem Tabakladen in den Nr. 26 und 27 zwei Stockwerke mit großzügigem Blick aufs Rathaus. Dieses Haus, dessen offizieller Name „Die Taube“ lautet und das sich heute ein florierendes Lädchen für Brüsseler Spitzen und ein Pralinengeschäft teilen, ist mit einer einfachen Gedenkplakette versehen: „Victor Hugo wohnte 1852 in diesem Haus.“

Brüssel hatte Hugo sich nicht zufällig ausgesucht. Seine Liebe zur Stadt und zur Grand Place hatte er bereits 1837 während einer touristischen „Arabeske“ durch Nordfrankreich und das nachrevolutionäre Belgien entdeckt. Seiner Frau Adèle schreibt er nun: „Liebste, ich bin ganz und gar von Brüssel entzückt, oder besser gesagt von zwei Dingen, die ich in Brüssel gesehen habe: dem Rathaus mit dem dazugehörigen Platz und der Kathedrale.“ Mit aufgesetzter Bescheidenheit notiert er weiter: „Als Pariser Provinzler, der ich nun einmal bin, bewundere ich hier alles.“ Das Rathaus „ist ein Schmuckstück, vergleichbar mit der Turmspitze von Chartres: strahlende Phantasie eines Dichters, dem Hirn eines Baumeisters entsprungen.“ Die Grand Place selbst wird nur um ein Haar nicht in den Himmel gehoben: „Der Platz um das Rathaus ist wunderschön. Bis auf zwei oder drei Häuser, die von modernen Besserwissern verunstaltet wurden, sieht man keine Fassade, die nicht historisches Datum, Gewand, Verszeile und Meisterwerk wäre. Ich hätte am liebsten eine nach der anderen gezeichnet.“

Es gibt noch mehr Grund zur Freude. Mit der halsbrecherischen Geschwindigkeit von 30 Kilometern pro Stunde macht Hugo seine erste Reise von Brüssel nach Antwerpen, und zwar mit dem „schäumenden Pferd“, der Dampflok: „Eine phantastische Bewegung, die man erst selbst gefühlt haben muss, ehe man weiß, was es ist. Die Geschwindigkeit ist unglaublich. (...) die Städte, Kirchtürme und Bäume tanzen und vermischen sich wie närrisch am Horizont." Kurzum, Belgien sagt in jeder Hinsicht zu. Nicht unbedingt wegen der Mentalität, denn er findet, dass die flämischen Frauen einen Putzfimmel haben, und überhaupt sind die Belgier für ihn *„pauvres Welches"*, arme Welschen, in denen er nicht sehr viel mehr sieht als gutmütige Pechvögel. Wohl aber gefällt ihm Belgien wegen seiner Unmenge an gotischer Kunst, des Klingklangs der Glockenspiele, wegen der Renaissancekunst und überhaupt wegen der Denkmäler und Kirchen an sich. Also steht am Ende dieses selben Briefes: „Liebste Adèle, heute wirst du von meinen Steinen und Kirchen wohl genug haben, mir will es scheinen, als ob ich dich hörte, wie du mich fröhlich wegen meiner Manie tadelst. Liebste, beklage dich nicht darüber. Die Kirchen lassen mich an dich denken. Wenn ich aus ihnen herauskomme, liebe ich dich immer noch mehr, sofern dies überhaupt noch möglich ist..."

Adèle aber hatte sehr schnell feststellen müssen, dass Hugo kein Mann aus Stein war. Nach seinen ersten Theatererfolgen, die er 1834 mit „Der König amüsiert sich" und „Hernani" errungen hatte, war Hugo ein wenig kleinbürgerlich geworden. Alljährliche, pünktlich stattfindende Ausflüge wurden unabwendbar. Jedoch nicht mit Adèle, sondern mit seiner ihm verfallenen Geliebten Juliette („Juju") Drouet, die ihn begleiten, pflegen und – vor allem – grenzenlos bewundern durfte. Juju, die ihre Karriere als Schauspielerin für Hugo aufgegeben hat, sollte ihm fünfzig Jahre lang wie ein Schatten folgen. Sie schrieb seine Manuskripte ab, wusch seine Wäsche und schwärmte auch sonst für ihren „Olympio". In einem ihrer zwanzigtausend Briefe an Hugo schrieb sie 1837: „Sollte Gott sich mir jemals zeigen, so glaube ich, dass er dies in Deiner Gestalt tun würde, denn Du bist meine ganze Religion, mein Glaube und meine Hoffnung."

Das Spitzengeschäft „Maison Antoine" in Haus Nr. 26 an der Grand Place läuft auf Hochtouren. Überwiegend weibliche Besucher lassen den Brüsseler Exportartikel mit Kennermiene durch die Finger gleiten. 1852 hatte es hier einen Tabakladen gegeben, ulkig eigentlich, wenn man Hugos Aversion gegen das Rauchen bedenkt. Den Handel betrieb eine gewisse Madame Sébert, eine energische Französin, die viele Exilanten unter ihre Fittiche nahm und für Hugo die Funktion einer Art Leibwache ausübte. Wenn sich der Meister an die Arbeit begab, erlaubte sie keinem einzigen Besucher mehr, das Heiligtum zu betreten. Hugo hielt sich an eine unverrückbare Tageseinteilung: „Ich stehe morgens um acht Uhr auf. (...) Anschließend mache ich mich an die Arbeit. Ich arbeite bis zur Mittagszeit, dann esse ich und empfange bis drei Uhr Besucher. Um drei Uhr fange ich wieder an zu arbeiten. Um fünf Uhr esse ich zu Abend, und dann kümmere ich mich um die Verdauung; ich gehe spazieren oder mache Besuche, bis ungefähr zehn Uhr. Dann kehre ich nach Hause zurück und arbeite bis Mitternacht. Um Mitternacht bereite ich mein Bett und gehe schlafen." Einigen Biographen zufolge konnte er auf diese Weise bis zu siebzig druckfertige Seiten pro Tag liefern. In dem schlecht beheizbaren Zimmer im zweiten Stock lag er der Länge nach ausgestreckt auf dem Boden und schrieb, wo bei er hin und wieder zum schlanken Rathausturm von Van Ruysbroeck spähte.

Auch in kulinarischer Hinsicht konnte sich Hugo in Brüssel nicht beklagen. Bereits damals bot das Geflecht von kleinen Straßen, das die Grand Place umgab, eine gründliche Versorgung mit Speis und Trank. Als sein soeben aus dem Gefängnis entlassener Sohn, Charles Hugo, sich Anfang Februar zu seinem Vater verfügt, bemerkt er: „Vater hat zugenommen, das Bier hat ihm die Wangen gefüllt." Und doch hatte Hugo das belgische Bier zunächst nicht gemocht. „Nichts verursacht eine derartige Übelkeit wie dieses Faro und dieses Lambiek", schrieb er bereits 1837. Das Löwener Bier mochte noch durchgehen, es hatte einen „süßlichen Nachgeschmack", der Hugo an „den Geruch von toten Mäusen" erinnerte. „Schmeckt sehr gut", fügte er noch hinzu.

Allmählich wurde Hugo Stammgast der Kneipe „L'Estrille", die sich in der Rue de Rollebeek in unmittelbarer Nähe der Place du Grand Sablon befand. Dort studierte er die flämischen bürgerlichen Sitten und entdeckte in ihnen „etwas Leutseliges, Obszönes und Patriarchalisches". „Hier kommen die Senatoren auf ein Glas zusammen. Abends sieht man an den Tischen der kleinen Kneipen, in denen sich jeder wegen des braunen Tabakdunsts beinahe tastend seinen Weg suchen muss, die Bürgermeister vor ihren Gläsern Faro sitzen und die Richter, wie sie ihre Pfeife rauchen."

Die meisten französischen Exilanten des 19. Jahrhunderts strebten jedoch in die Galeries Saint-Hubert, wo es den „Cercle Artistique et Littéraire" gab, die Bordsteinschwalben hin und her spazierten und Baudelaire um 1865 immer wieder einmal sturzbetrunken vor den „Mille Colonnes“ angetroffen wurde. In der eleganten Galerie des Princes, Haus Nr. 11b, fand Hugos Geliebte Juju 1852 beim Zeitungsdrucker Luthereau eine Unterkunft. Zwar war ihr Mansardenzimmer klein und hässlich, jedoch wohnte sie nur ein paar Schritte von ihrem Helden entfernt. In seinem biographischen Porträt „Juliette“ macht Michel Van der Plas keinen Hehl aus seiner Rührung über die hingebungsvolle Drouet, wenn auch interessanterweise zu lesen ist, dass diese sich selbst eine Hugo-Hilfe hielt: „Da ging sie also hin, ihre treue Dienstmagd Suzanne, von ihrer besorgten Herrin jeden Morgen mit warmer Schokolade für Hugo auf den Weg geschickt; und jeden Abend noch einmal mit einem guten Kotelett über das holprige Kopfsteinpflaster. Und dann wartete sie selbst darauf, dass er vielleicht noch zur Passage kommen würde.“

Anno 2002 wäre Hugo hier möglicherweise nicht mehr von der Stelle gewichen. Das Haus Nr. 11b in der Galerie beherbergt heute den Buchladen „Tropismes“. Die Hugomanie wütet hier kultiviert, doch ungemein heftig. Ein Großteil der gut 100 Neuausgaben, Briefeditionen und Taschenbuchausgaben sowie luxuriöser Nippes wird hier angeboten. „Die Elenden“ ist immer noch der Verkaufsschlager. Schließlich hat Hugo dieses Buch in Belgien abgeschlossen, und zwar in einem Hotel in unmittelbarer Nähe des Schlachtfeldes von Waterloo. Es erschien 1862 im Brüsseler Verlag Lacroix & Verboeckhoven. Hugo erhielt dafür den unwahrscheinlich hohen Vorschuss von 300 000 belgischen Franken. Ein riesiges Bankett in einem Saal in der Rue des Colonies katapultierte das Buch an die Öffentlichkeit. Der Legende zufolge erfuhr der Druck des Buches eine beträchtliche Verzögerung, weil die vom Manuskript gerührten Setzer Kapitel für Kapitel aus dem Weinen nicht mehr herauskamen. Seinerzeit galt das als Qualitätskriterium. In den Anzeigen wurden diese Tränen als Trumpf ausgespielt.

Jetzt weiter hoch. Durch die Rue d'Arenberg erreiche ich den Platz vor der Kathedrale der hl. Gudula und des hl. Michael. Brüssel zeigt hier eines seiner auffallendsten Charakteristika: den grellen, ja provozierenden Kontrast zwischen Alt und Neu. Es ist windig heute, die Atmosphäre seelenlos und leicht surrealistisch, die Kathedrale wirkt inmitten dieses urbanen Durcheinanders fast wie eine Anomalie. Die leicht suprematistische Architektur von Großbanken umsäumt diesen Brüsseler Vitrinenschrank mit seinen beiden klotzigen Türmen. In ihm findet gerade ein Vespergottesdienst statt. Hierzu schlage ich in Hugos Lyrik noch einmal nach: „Viele Menschen beteten regungslos, während sie auf den dunklen Steinen knieten, und hoch oben brachte ein breiter Streifen Sonne Schatten und Licht und Bewegung um einige große Statuen, die in stolzer Haltung mit dem Rücken gegen die Säulen verharrten. Die Gläubigen wirkten wie aus Stein, und die Statuen schienen zu leben."

Erstaunlich, wie das immer noch zutrifft. Ich betrachte die Fenster aus Glas, die Schätze der Kirche und das Broschürenangebot, doch nachdem ich mir die Ratschläge des Mystikers Jan van Ruusbroec – „Gott, der den verborgensten Winkel des Herzens erschaut" – zu Gemüte geführt habe, mache ich mich aus dem Staub. Am Kirchenportal ein Obdachloser, der eine Saite in meinem Herzen anschlägt, er luchst mir ungefähr 10 Eurocent ab. Sozusagen entrückt stelle ich mich sodann genau vor der Kirche auf und sehe sofort, weshalb Hugo diese pries und bejubelte. Gradmesser war und blieb für ihn Paris: „Ansonsten ist Brüssel wirklich die Stadt der Imitation. (...) Die beiden viereckigen, übrigens sehr schönen Türme von Sainte-Gudule sehen ein wenig so aus wie die von Notre-Dame." Trotz aller Egomanie vergaß er zu erwähnen, dass er in der Vorderansicht der Kirche, wie auch in der Pariser Notre-Dame, seinen Buchstaben H entdeckte. Hugo wurde allmählich Victor Ego. Im Hauteville House auf Guernsey sollte er seine Unterschrift sogar als Verzierung auf seinem Mobiliar anbringen lassen.

„Place des Barricades. J'aime ce nom", schreibt Hugo im Juli 1867 an Auguste Vacquerie. Er liebte den Barrikadenplatz. Die Dämmerung setzt ein, als ich mich dem weißen Rund nähere, unterwegs zu Hugos letzter Brüsseler Bleibe. Eigentlich wurde das Haus ab 1865 von seinem leichtlebigen Sohn Charles und dessen Frau Alice bewohnt, doch auch Hugos Ehefrau Adèle sollte sich ab 1868 dort aufhalten, denn sie hatte Guernsey satt. Kurze Zeit später starb sie hier. Hugo, der noch viel Geschäftliches in Brüssel zu erledigen hatte, pendelte zwischen Guernsey und der Brüsseler Place des Barricades hin und her und schrieb dort „Der lachende Mann". Das steht ebenfalls – doch ohne irgendeine weiterführende Erläuterung – auf dem vergoldeten Schild neben der Haus Nr. 4. In diesem Haus wurden auch Hugos Enkelkinder geboren, und hier sollte ihn der

23-jährige Verlaine besuchen. Auch der Belgien-Hasser Baudelaire hatte sich hinzugesellt. Sein Urteil ist natürlich streng: „Victor Hugo langweilte und ermüdete mich sehr. Seinen Ruhm und Reichtum würde ich nicht wollen, wenn ich dabei seine unglaublich lächerlichen Eigenschaften übernehmen müsste. Madame Hugo ist halb schwachsinnig, und seine Söhne sind beide große Narren." Flaubert hat dies ganz anders gesehen: „Je häufiger man ihn besucht, desto mehr schließt man ihn ins Herz."

Ein kurioses Scharmützel auf der Place des Barricades reichte für Victor Hugo aus, um der Stadt Brüssel für immer Adieu zu sagen. Auf dem Höhepunkt des Pariser Aufstands schrieb er 1871 der Zeitung „L'Indépendance Belge" einen Brief, in dem er – mit langen, kunstvollen und provokativen Sätzen – *communards*, die nach Brüssel geflohen waren, in seiner Wohnung Asyl anbot. Das hatte ungefähr fünfzig reaktionären Jugendlichen, die Hugo einmal so richtig ärgern wollten, überhaupt nicht gefallen. In der Nacht vom 27. Mai 1871 beschlossen sie nach einem nächtlichen Gelage, Hugos Wohnung mit Steinen zu bewerfen. Dabei entstand kaum Schaden, und das Ganze wirkte auch eher wie ein Dummjungenstreich, doch der Vorfall wurde in der Presse und in Hugos Schriften breit ausgewalzt: „Ich war unbewaffnet und hielt das Fort mit vier Frauen und zwei Kindern. (...) Drei Mal wurde der Anschlag tobend wiederholt, dabei entstanden immer wieder Augenblicke vorübergehender Ruhe, in denen ich die Nachtigallen auf dem Platz singen hörte." Drei Tage später wurde Victor Hugo von Leopold II. ausgewiesen. In der bläulichen Finsternis bildet der friedliche, schön renovierte Platz eine zeitlose Kulisse. Die Hochhäuser in der nahe gelegenen Avenue de l'Astronomie dominieren ihn nicht mehr so stark wie früher mit ihrer Wuchtigkeit und unpassenden Architektur. Das Standbild von Andreas Vesalius tritt die Nachtwache an. Einer Tagebuchnotiz möchte ich doch noch nachgehen: „Örtliches Detail. Rue du Rempart-du-Nord 2, hinter der Place des Barricades. Dort gibt es eine Zigarre, ein Glas Eau-de-vie, eine Tasse Kaffee und eine Frau für fünfundzwanzig Centimes." Haben biographische Nachforschungen nicht erwiesen, dass Hugo in Brüssel seit 1861 routiniert, doch heimlich, Prostituierte aufsuchte? In seinen Tagebüchern hat er ihnen männliche Decknamen gegeben: Simon für Simone, Henri für Henriette und Horten für Hortense ...

Mühelos finde ich gleich um die Ecke, in der Rue de la Révolution, die kleine kopfsteingepflasterte und leicht ansteigende Impasse du Nord, die durch eine Abwasserrinne zweigeteilt ist. Weder Bordsteinschwalben noch Schnaps. Nur eine Bierdose, die vor sich hin rostend auf einer Fensterbank liegt, und ein vertrockneter Hundehaufen auf einer Schwelle. Einige Eingänge sind zubetoniert, zaghafte Bäume strecken ihre kahlen Äste über Not leidende Zäune. Ein kleines Schild weist den Weg zu einer „Ludothèque". Es scheint beinahe kein Zufall. Hier soll Hugo *ludens* also ...?

(Übersetzung aus dem Niederländischen: Wortwechsel)

Belgien, wie es singt und klingt

Als Chorfrau auf Achse

Auch Kultur wird in Belgien anders betrieben und erlebt als in Deutschland. Denn der belgische Kulturschaffende malt, dichtet und singt nicht, um Image zu erwerben, sondern aus persönlicher Hingabe und zärtlicher Freude. Das hat **Sibylle Offergeld** *festgestellt, die als Sängerin mit einem ostbelgischen Chor durch die Lande dies- und jenseits der deutsch-belgischen Grenze zieht.*

In Tagen mürrischer Ziellosigkeit ging ich manchmal zu einer freundlichen Seherin in Kerkrade und ließ sie tief in meine Aura schauen. In den Schichten meines unsichtbaren Energiekörpers sah die Sensitive Gestalten und Ereignisse der Vergangenheit.

Ich fragte sie nach dem Rad der Wiedergeburt und erfuhr von meinem heilbringenden Wirken als Antwerpener Krankenschwester im Kongo. In einem jener unzähligen Vorleben, die der Vervollkommnung dienen sollen, war ich also Belgierin. Mit gefiel die Vorstellung, als solche auf den Spuren der Barmherzigkeit in fernen Landen Rosen der Güte gestreut zu haben. Und auch meinen Brüdern und Schwestern in Belgien fühlte ich mich tiefer als zuvor verbunden. Vieles wurde mit jetzt klar. Wie oft hatte ich gerätselt, warum eine Frau mit der nicht alltäglichen Ahnenmischung aus Balten, Ostpreußen und Salzburgern nach dem Überschreiten der deutsch-belgischen Grenze so sehr von Heimatgefühlen überwältigt wurde. Hier liegt ein alter Hafen, in den dein Schiff schon oft gesegelt ist, sagte ich mir und überließ mich wohlig erschauernd dem Geheimnisvollen, dem Reiz des Unerforschten.

Belgien ist das Land meiner Lieder. Der Psyche seiner Bewohner habe ich mich singend genähert. Auf Orgelbühnen, vor Altären, in Kulturzentren der Eifel, ostbelgischen Mehrzweckhallen und Wohnzimmern, in plüschverbrämten Hinterzimmern wallonischer Gasthöfe, bei Messen, Goldhochzeiten, Opernaufführungen mit Laien, Semi-Profis, aufstrebenden und etablierten Talenten hat sich das singende Belgien tief in meiner Seele verankert.

Das Transportieren von Tönen auf einer Luftsäule hat uns miteinander verschweißt. Singend überschritt ich die Grenzen von Kulturhoheiten und erkannte, dass Gesang nichts und niemanden ausgrenzt, dass Gesang eine Wellenbewegung ist, die sich spiralenförmig in das Sonnengeflecht des Menschen eingräbt und dort Botschaften übermittelt. Am Schalter dieser inneren Poststelle gibt das Gefühl ständig neue und international gültige Wertzeichen aus. Gesang wird freudig empfangen und als Energieträger weitergeleitet.

Menschen, die miteinander singen, bündeln Kraftströme und schaffen vernetzte Gefühlsräume. Es ist ein drahtloses, materialfreies und institutionsloses System der Kommunikation. Die Belgier im Raum der Euregio nutzen es mit wachsender Intensität. Ihre Inbrunst kennt keine Grenzen, wenn sie sich sprachüberschreitend zusammenscharen, um singend frankophone Lyrismen mit deutschem Herz-Schmerz-Gefühl und flämisch-niederländischem Lustgepränge zu verschmelzen.

Wie oft habe ich mit verzückt geschlossenen Augen im Kreis der Sangesfreunde in unserer kleinen Grenzgemeinde im zartesten Pianissimo „Plaisir d'amour" gehaucht, während Festgesellschaften an wohlgefüllten Tafeln vor Fladen, Sahnetorten und Mokkatassen in Trance versanken. Wir vergaßen die knarrenden Dielenbretter der schummrigen Wirtschaften und überließen uns der traurig-schönen und sentimentalen Melodie. Wir tauchten ein in die Melancholie der Worte, die sich zu Bildern entwickelten, zunächst schwarz-weiß, dann zunehmend bunt und in fließender Bewegung. Wenn danach der Applaus aufbrandete, scharrten meine belgischen Freunde verlegen mit den Füßen. Die meisten von ihnen sind scheue Romantiker, die ihre Rührung hinter einem Lächeln verbergen. Andere lärmen und witzeln ein wenig, bevor sie in weihevollen Momenten in die Gruppenseele eintauchen. Sie feiern gern und ihr Lachen ist echt. Farbige Stimmungsbilder aus Kirchweihtagen sind fest in meinem inneren Poesiealbum verankert. Sie sind zum Aufblättern an trüben Tagen da. Immer wenn sich das Neue mit Missklängen ankündigt und die Gegenwart verdüstert, betrachte ich die Schätze der Erinnerung und verschiebe die Zeit. Der Gedanke wird zum Vehikel, und die Empfindung dekoriert imaginäre Räume.

Einmal im Jahr versammeln wir uns unterhalb der Madonnenstatue. Alle sind festlich gewandet, schwarz bis zu den Knöcheln. Wir warten auf die vokalstarke „Harmonie“ aus dem Nachbarort, die uns beim Zug durch unser Dorf mit Pfeifen und Trompeten begleitet. In gemäßigtem Marschschritt geht es in die Kirche, wo Fahnenträger mit ernstem Gesicht die Symbole der Vereinszugehörigkeit aufpflanzen. Dann stehen wir in Reih und Glied vor der malerischen Trauerweide am Rande des Friedhofs, denken an verstorbene Kameraden und warten auf die dynamischen Klänge der Branbançonne. Wohlversorgt mit Getränkemarken, lassen sich Einheimische, Auswärtige, Klerus, Kirchenchorsänger und Gemeinderatsmitglieder wenig später auf harten Holzbänken im Festzelt nieder. Während die Musik wuchtige Tongebirge aufbaut, rufen sich die Festgäste die Neuigkeiten des Tages zu. Dicht aneinander gedrückt sitzen alle da und fühlen sich geborgen im Kokon der Zusammengehörigkeit.

Seit drei Jahrzehnten sitze ich zwischen ihnen. Wir lachen, schwatzen und singen miteinander. Wenn ein Neuling auftaucht, nehmen die Alteingesessenen Witterung auf. Wie auf dem Rost wird der Neuzugang gedreht und gewendet, abgeklopft, ein wenig geschüttelt und mit gutmütigem Spott gekitzelt. Hat der Prüfling den Eignungstest als Sangesfreund bestanden, wird ihm ein Echtheitsstempel aufgedrückt. Eine Aktivgruppe entführt ihn zwecks Anfeuchtung und weiterer Durchleuchtung zur Theke. Schon bald erklingt dort das Lied von den sechsundsechzig Litern Bri-Bra-Brandewein, dem Schlaftrunk der Sänger.

Wer es hört, weiß, die Dinge entwickeln sich gut. Der Neue wird getauft. Schon bald steht er bei Hochzeiten, Beerdigungen und Wohltätigkeitsveranstaltungen mit im Pulk der Chormitglieder und erfährt die Geheimnisse klangvoller Verständigung ohne intellektuelle Schaumschlägerei und störende Kopfgymnastik. Ich schaue zu und fühle mich wie in den Zeiten meiner Kindheit, als ich in einer üppigbunten Gefühlswert lernte, das Echte von der Pose zu unterscheiden.

Ich wuchs in einer Großfamilie mit musischen Multitalenten auf. Alle schienen ständig zu singen. Onkel, Tanten und Cousinen scharten sich um meinen stimmbegabten Vater, der mit der Schöpferkraft eines Malers in sichtbarer Hingabe Schuberts romantische Liedgedichte und Wolfs zartherbe Stimmungsbilder gestaltete, um gleich darauf lustbetont schmissige Operettenarien und alte Fahrtenlieder anzustimmen. Mehrere Stunden lang wogte der Familiengesang an Geburtstagen, Jubiläen und hohen Festtagen klanggewaltig durch unser kleines Haus und hinterließ im Gemäuer nach tagelang den Abglanz freudiger Hochstimmung.

Nun bin ich manche Stunde entfernt von jenem Ort. Aber noch immer höre ich, wie sie singen, lachen und temperamentvoll an ihren Gitarren zupfen. Sollte die freundliche Seherin aus Kerkrade Recht haben, dann schauen die Gefährten von einst wohlwollend aus höheren Dimensionen zu, wenn ich in Ostbelgien, Flandern oder in der Wallonie mit Seelenverwandten die Flügel des Gesangs ausbreite und Grenzen der Sprache überfliege.

Ein Erinnerungsbild führt mich zu den prächtig ausstaffierten Gestalten eines euregionalen Operettenensembles. Wir proben ein französischsprachiges

Werk im Stil Offenbachs. Neben mir singen eine freundliche Hausfrau aus Welkenraedt und eine aparte Gesangsschülerin aus Lüttich. Hinter mir donnert ein germanisches Stimmwunder virile Klangsalven in mein Ohr. Vorne agiert emphatisch und weltentrückt der charismatische Maestro des Ensembles. Einst sang er Heldenpartien in Antwerpen, jetzt schult er die heimischen Talente.

Seine Anweisungen ähneln Richtlinien zur Selbstverwirklichung. Sinnbildlich vergraben wir unsere Füße tief und fest in der Erde. Wir atmen Klang, formen ihn rund und lassen ihn auf fester Stütze federn. Alle verschmelzen zu einem einzigen Klangkörper. Niemand schert aus. Egomanen und Selbstdarsteller mit heftigen Bedürfnissen, andere zu übertönen, hat der Maestro zuvor liebenswürdig auf den gemeinsamen Plan eingestimmt.

Ein paar Perfektionisten aus dem benachbarten Ausland, die bei jedem Fehlklang schmerzvoll aufstöhnen, sich gepeinigt auf die Lippen beißen oder in Atempausen angewidert „falsch!“ rufen, werden bei den Proben mit ruhiger Entschlossenheit ausgehebelt. Der Maestro lässt sie ein paar Runden zischen und murren. Dann hält er eine seiner berühmten kleinen Zwischenansprachen über den Sinn des Daseins im Allgemeinen und den Wert des Gesangs im Besonderen.

Er sagt, dass ständiges Fahren auf der Überholspur Leber, Galle und Magen schädige und andauernder Leistungsdruck den kreativen Fluss blockiere. Er meint, es sei nicht so wichtig mit dem Gefühl makelloser Fehlerfreiheit auf dem Siegertreppchen zu stehen. Viel wertvoller sei das Öffnen einer inneren Tür, durch die machtvoll Gestaltungsfreude dringt. Gesang und Agierkunst seien Gaben, die ein wahrer Menschenfreund ohne Rückforderung verschenke.

Meine Chorfreunde im Dorf an der deutsch-belgischen Grenze haben diese Denkungsart längst verinnerlicht. Sie schauen ratlos zu, wenn ein teutonischer Musikus mit Lehramtsbefähigung ans Pult tritt und ihnen mit autoritärer Gebärde Demutsübungen abverlangt. Ihr Unmut wächst, wenn der Fremde sie wie die Schüler einer Kadettenanstalt aufmarschieren lässt und bei klanglichen Verfehlungen ein Schnellrichterverfahren mit Spießrutenlauf androht. Sie sind diszipliniert und konzentriert, wenn es die Aufgabe erfordert. Aber das ekstatische Zucken im Gebein beim Haltung-Annehmen und die Freude beim Stechschritt bis zum Hochaltar sind ihnen fremd.

Weil sie freundliche Menschen sind, lassen sie den Gastdirigenten aus dem Nachbarland lange gewähren. Sie üben mit ihm den zunehmend aufrechten Gang des Homo Sapiens, der sich gegenüber seinen verlausten Vorfahren entscheidend fortentwickelt hat und nun unter fachkundiger Anleitung zu musizieren beginnt. Sie lassen sich geduldig erklären, was Sprache ist und wie man sie singend artikuliert. Sie hören zu, wenn der Gast seine Bildung zu rühmen beginnt und erfahren, dass er bereits im zarten Alter lateinisch parlierte und im Hause seiner Eltern die berühmtesten und intelligentesten Menschen traf. Sie fühlen mit dem Begabten, der kurz vor der Berufung zum Dekan einer Musikhochschule auf tragische Weise von der Erfolgleiter hinabgestoßen wurde. Erst wenn der Gute den Bogen überspannt, wenn er seine nach Ordnungsprinzipien ausgerichtete Welt mit den schlampigen Zuständen im Ausland vergleicht und hemmungslos nationalistische Heldengesänge anstimmt, dann scheren sie aus.

Ständiger Zwang stimmt meine belgischen Sangesfreunde missmutig und raubt ihnen den Elan. Der teutonische Selbstgerechte, der dünnlippig, streng und säuerlich den Taktstock schwingt und das Dirigentenpult mit dem Richtblock verwechselt, wird am passiven Widerstand der Chorgemeinschaft scheitern. Aufschneider, Besserwisser, Kopflastige, Abgehobene, Narzissten, Intriganten, gefühlsmäßig Unterkühlte und verkappte Feldherren sind schnell entlarvt. Sie alle schießen ins Leere, weil ihnen ein aufnahmebereites Zielobjekt fehlt. Im vorgehaltenen Spiegel entdecken sie lediglich ihr eigenes Zerrbild. Bald stellt sich auf natürliche Weise eine Art Ladehemmung ein. Die erfolglosen Eroberer ziehen sich zurück.

Eine Siegesfeier der Sänger findet nicht statt. Meine Freunde lächeln und gehen zur Tagesordnung über. Ihre Welt ist wieder in Ordnung. Arm in Arm mit sesshaft gewordenen Zugereisten, liebenswerten Querdenkern und kontaktfreudigen Pensionären, die ihren Alterssitz nach Belgien verlegten, starten sie ihre nächste Chorreise ins benachbarte Rheinland. Freudig überschreiten sie die Grenze, die keine mehr ist, wohl wollend betrachten sie eine Landschaft die einst von den trinkfesten Vertretern einer feierfreudigen Rasse besiedelt wurde und nun allen gehört, deren innere Objektive auf Schönheit eingestellt sind.

Lachsalven schütteln den mitunter klapprigen Reisebus, der die Chorgemeinschaft zu befreundeten Sängerscharen jenseits der Grenzen, zu Schlossbesichtigungen, Weinverkostungen, Schlemmen in den Ardennen, Gastauftritten in Kirchen oder zu Treffen mit Langzeitstraftätern in Gefängnissen bringt. Autopannen werden mit humorigem Fachsimpeln und viel Gesang bewältigt. In die Vereinsannalen ging jene Hindernisfahrt ein, bei der die Magnetschaltung des Fahrzeugs streikte. Sangesbrüder stellten ihre Hosengürtel in den Dienst der Sache, weibliche Chormitglieder opferten ihre Strumpfhosen, um die Bustür in Schach zu halten. Schließlich rollten alle mit einem kurzgeschlossenen Fahrzeug im Heimatdorf ein.

Dort öffnen sich die Fenster, wenn die Heimkehrer nach einem ihrer Ausflüge in die Zielgerade einbiegen. Winken und Zurufe begleiten sie auf den letzten Metern vor dem Kirchplatz, wo des Pfarrers Haushälterin viele Jahre lang einen selig lächelnden Pastor in Empfang nahm. Hochwürden stand immer im pastoralen Bereitschaftsdienst. Er verwaltete die göttliche Reiseapotheke, der er ständig Pillen mit segnender Wirkung zu entnehmen schien. Unter seiner Obhut gedieh ein Organismus, in dem die ätzende Säure der Ausgrenzung wohltuend neutralisiert war.

Zum Empfangskomitee gehörte einst auch Chorschwester Helma mit ihrem Hahn, der in Jugendjahren dem Schlachtmesser entrann und von da an als Haustier mit Pensionsberechtigung lebte. Jedermann im Ort wusste, was das Federvieh hinter verschlossenen Türen trieb. In Ermangelung einer Gespielin bestieg es mehrmals pro Tag einen zerschlissenen

Pantoffel und traktierte ihn mit seinem Schnabel. Wenn die Hausfrau sich in der Badewanne ausstreckte, saß er aufgeplustert im Nest ihrer Kopfhaare, zupfte liebevoll einzelne Strähnen zurecht und begleitete das Entspannungsbad mit leisem Hahnensingsang.

Der zärtliche Hahn ist längst verblichen. Aber man spricht noch mit Bewunderung von ihm. Auf dem kleinen Friedhof hinter der Trauerweide haben wir so manchen Gefährten langjähriger Sangesfreuden zu Grabe getragen. Ein ständig wachsender Reigen seliger Geister begleitet die Chorgemeinschaft im Herzen Europas auf ihren Wegen durch vereinte Kulturwelten. Unbeirrt formen wir auf Luftsäulen federnde Klangbilder und werfen sie in die Umlaufbahn des Planeten Phantasie. Dort pflanzen sie sich fort und werden zu gewaltigen Schallwellen, die uns umhüllen, schützen, inspirieren und tragen.

Ein Diktator ertrinkt im Regen

Die Schlacht von Waterloo

Beim Städtchen Waterloo südlich von Brüssel entschied sich am 18. Juli 1815 das Schicksal Europas: In einer verheerenden Schlacht wurde Napoleon von deutschen und englischen Truppen vernichtend geschlagen. Barbara Beuys *schilderte Tage voll Hoch- und Heldenmut, Hass und Verzweiflung und nicht nachlassendem Regen.*

Es ist Sommer. Warme Junitage, an denen das Korn reift. Dazwischen heftige Gewitter, Regenfluten, die alle Wege in Morast verwandeln und die feuchte Erde im Morgengrauen dampfen lassen. Der Gasthof Belle Alliance steht heute noch an der Chaussée Brüssel-Charleroi, rund 18 Kilometer südlich der belgischen Hauptstadt und acht Kilometer südlich von Waterloo, wo Napoleon die Rückkehr auf Europas politische Bühne zu erzwingen suchte. Es war im Juni 1815, als die gelben Kornfelder im Tal und die grünen Wiesen der umgebenden Hügel zum Schlachtfeld wurden und an die 45 000 Menschen auf einem Quadrat von zwei mal zwei Kilometern auf qualvolle Weise starben oder physisch und psychische Krüppel für Leben wurden. Auch 15 000 Pferde wurden in dieser Schlacht geopfert.

Ein Schlachtfeld von unzähligen in Europa. An

jedem von ihnen ließe sich die Sinnlosigkeit des Kriegs veranschaulichen. Ist Waterloo eine Erinnerung wert?

Seit halb drei in der Nacht des 15. Juni 1815 marschierte eine französische Armee in zwei Kolonnen nach Norden, 125 000 Mann stark, mit 25 000 Pferden. Am folgenden Morgen ritt Napoleon auf seinem zierlichen Schimmel durch Charleroi, ließ die Stadt hinter ich, bis die Straße sich auf einer Anhöhe in zwei Richtungen gabelte – links nach Brüssel, rechts nach Fleurus. Hier machte der Kaiser Halt. Auf der Straße begrub der Staub die endlosen Menschenschlangen, mischte sich der Marschschritt Tausender von Soldaten mit dem Wirbel der Trommeln, dem hellen Klang der Trompeten und dem alles übertönenden Ruf: „Vive l'Empereur!"

Wenig später erläuterte Napoleon seinen Marschällen und Kommandeuren seinen Kriegsplan und seine Schlachttaktik. Die englischen Soldaten, die unter der Führung des Herzogs von Wellington um Brüssel Stellung bezogen hatten, und die Preußen, die unter Feldmarschall Blücher vom Rhein heranmarschierten, durften sich nicht vereinigen, sondern mussten einzeln, nacheinander geschlagen werden.

Am 26. Februar 1815 erst hatte der nach Elba verbannte Napoleon sein Exil verlassen. Am 20. März hatte er dann seinen Einzug in Paris gefeiert. Nur fünf Tage später beschlossen England, Preußen, Österreich und Russland, den gemeinsamen Krieg gegen Europas Friedensstörer wieder aufzunehmen.

Am Freitag, dem 16. Juni 1815, richtete Marschall Blücher seinen Befehlsstand in der Mühle von Brye ein. Nur wenige Kilometer Luftlinie südlich davon saß Napoleon bei Fleurus ebenfalls in eine Windmühle und beobachtete die Truppenbewegungen des Gegners mit dem Fernrohr. Um drei Uhr gab er das Signal zum Angriff.

Die Preußen hatten 84 000 Mann aufgeboten und 216 Kanonen; sie hofften, dass Wellingtons Armee im Laufe des Nachmittags zu ihnen stoßen würde. Napoleon unterstanden 67 500 Mann und 164 Kanonen. Blüchers Soldaten hatten sich in Ligny festgesetzt. Das Dorf wurde unter dem gezielten Kanonenfeuer der Franzosen zum Flammenmeer. Die Preußen hofften vergeblich auf die Hilfe der Engländer. Gegen zehn Uhr abends wurde klar, dass die Franzosen in diesem Gemetzel Sieger waren.

Besiegt, aber nicht endgültig geschlagen, begannen die Preußen den geordneten Rückzug. Sie marschierten in der gleichen Nacht nach Norden, um doch noch gemeinsam mit Wellington Napoleon zu besiegen. Auf dem Schlachtfeld blieben fast zwanzigtausend Tote und Verwundete zurück.

Der nächste Tag verging, ohne dass Napoleon die Schlacht von Ligny zu seinen Gunsten nutzte. Wellington, in der Nacht davor mit seinen Soldaten von Brüssel abmarschiert, war seit fünf Uhr morgens auf den Beinen. Er beschloss, sich mit seinen Truppen auf Hochfläche des Mont-St-Jean an der Straße Brüssel-Charleroi festzusetzen und sich dort den Franzosen zu stellen, bis die Preußen kämen. Sein Quartier schlug er drei Kilometer nördlich davon in der alten Pferdepost des Dörfchens Waterloo auf. Nachmittags, wir schreiben den 17. Juni, setzte erneut der Regen ein – wolkenbruchartig.

Kurz nach sechs Uhr abends erreichte Napoleon das Gehöft Belle Alliance direkt an der Straße nach

Brüssel und beobachtete, wie sich Wellingtons Truppen auf dem gegenüberliegenden Mont-St-Jean, nur eineinhalb Kilometer entfernt, festsetzten. Dann nahm er in der Meierei La Caillou Quartier.

Der Regen wollte nicht aufhören. Die Männer der Kavallerie krümmten sich im Sattel, um Schlaf zu finden. Die Infanterie suchte in den niedergetrampelten Kornfeldern nach trockenen Stellen. Doch sie suchten vergeblich. Die Biwakfeuer mussten ununterbrochen mit Holz gefüttert werden. Sie produzierten beißenden Qualm und nur wenig Hitze. Ein vertaner Tag. Zeit zum Nachdenken.

Die Hauptpersonen dieses historischen Wochenendes waren sich nicht unbekannt. Seit zwanzig Jahren war Europa ihr Schauplatz mit immer schneller wechselnden Kulissen. Um Einen hatte sich bisher alles gedreht: Napoleon Bonaparte, der Mann aus Korsika, Konsul, Kaiser, Herrscher über Europa. Nutznießer jener Großen Revolution von 1789. Arthur Wellesly, seit 1814 Herzog von Wellington, und Gebhard Leberecht Blücher, ein pommerscher Gutsbesitzer und Feldmarschall, hatten beide Epochen erlebt: Sie hatten gegen Napoleon gekämpft wie zuvor gegen die Armee der Großen Revolution.

Wellington, der große schlanke Mann aus Irland, war ein typisches Produkt der aristokratischen Klasse. Kühl, fast phlegmatisch, betrachtete er das Soldatsein als Handwerk, nicht als Herzensangelegenheit. Fast immer trug er Zivil, seine Schneider zählte zu den besten Europas. 1808 hatte ihn die Regierung nach Portugal geschickt, um den Guerillakrieg der Einheimischen gegen die napoleonischen

Besetzer zu unterstützen. 1812 marschierte er in Madrid ein, zwei Jahre später in Toulouse.

Was Blücher auf das Schlachtfeld trieb, war Hass; Hass auf den großen Zerstörer, auf Napoleon. Und so wie Blücher dachten immer mehr Deutsche, je länger Napoleons Herrschaft über Europa dauerte und je bedrückender sie wurde. Mit jeder Schlacht, die Napoleon gewann, mit jedem Stück von Europa, das er sich einverleibte, leuchteten die neuen Fixsterne heller am deutschen Himmel: Freiheit und Einheit. Die Deutschen wurden gelehrige Schüler der Französischen Revolution. Sie beherzigten fortan die Reden der Revolutionäre: Fort mit der feudalistischen Knechtschaft; das Volk ist frei, es ist der Souverän, und es schafft sich seinen Staat: Die Idee der Nation und der Demokratie kamen als Zwillinge auf die Welt. Im Kampf gegen Napoleon entstand ein gesamtdeutscher Patriotismus über die Grenzen der vielen deutschen Länder hinweg.

Die Niederlage in Ligny vom 16. Juni steckte Blücher weg. Als der Preuße am 18. Juni in der Morgendämmerung von Wavre nach Westen aufbrach, war er guten Mutes. Vereint mit den Engländern würden seine Soldaten Napoleon hier, im südlichen Belgien, schlagen.

Für Napoleon und seinen Stab war an diesem Sonntag um fünf Uhr morgens der Tisch gedeckt. Der Regen bildete eine feine Wand, der für neun Uhr geplante Angriff würde sich verzögern. Die Geschütze waren im aufgeweichten Boden kaum von der Stelle zu bewegen, obgleich fünfzehn Mann und zwölf Pferde pro Kanone eingesetzt wurden. Aber Napoleon war siegessicher: „Messieurs, wenn meine

Befehle gut ausgeführt werden, übernachten wir schon heute in Brüssel.“

Um halb zwölf gab der Kaiser von seinem Gefechtsstand südlich von Belle Alliance das Zeichen zum Angriff. Mit 120 Kanonen wurden die Engländer unter Beschuss genommen. Gegenüber, im Zentrum von Mont-St-Jean, hatte sich Wellington eine Ulme ausgesucht, um in ihrem Schatten seine Armee zu dirigieren.

Im Tal zwischen Mont-St-Jean und Belle Alliance lagen im westlichen Teil das alte Rittergut Hougoumont und im Osten, an der Straße nach Brüssel, das Gehöft La Haie Sainte, beide von den Engländern besetzt. Wer den Mont-St-Jean stürmen wollte, musste zuerst diese beiden Stellungen nehmen.

Der Angriff auf Hougoumont begann kurz nach elf Uhr, um fünf Uhr gaben die Franzosen auf. Vor der Mauer häuften sich die Toten der Angreifer, fast dreitausend. Um ein Uhr hatte Napoleon unterdessen den Angriff auf das Zentrum befohlen. Er wusste zu diesem Zeitpunkt bereits, dass die Preußen wieder auf dem Vormarsch waren, doch er änderte seinen Plan nicht.

Die französische Infanterie stürmte ins Tal, Kolonnen von 4 800 Mann in 24 Reihen von je zweihundert Soldaten. Die Engländer warteten hinter den Schießscharten von La Haie Sainte oder lagen versteckt hinter Hügeln. Das Zielfeuer aus dem Gehöft war tödlich, und auf dem Hügelkamm erhoben sich unerwartet Tausende von englischen Soldaten und feuerten ihre Musketen ab.

Vor allem die Franzosen kämpften wie im Rausch. Einige ihrer Kolonnen erreichten tatsächlich die

Hochfläche. Doch der Kampf wurde immer schwieriger, da Berge toter Menschen und Tiere jedes Durchkommen unmöglich machten. Um halb sieben stieg auf La Haie Sainte die Trikolore gen Himmel. Wellingtons Front im Zentrum des Mont-St-Jean wankte. Er hatte keine Reserven mehr. „Blücher oder die Nacht" war sein einziger Trost für die Generäle, die ihn wegen der Nachschub bedrängten.

Aber auch Napoleon hatte nur noch eine Reserve, als gegen halb sieben die ersten preußischen Brigaden das Schlachtfeld erreichten. Der Kaiser schickte seine Garde den Hügel von Belle Alliance hinunter. Das gezielte Feuer der Engländer aus kürzester Entfernung traf sie tödlich. Um halb neun war Blücher mit seiner ganzen Armee auf dem Plan. Wenig später gab es bei den Franzosen kein Halten mehr. „Rette sich, wer kann" wurde zum Schlachtruf, und von den Hügeln stürzten sich zwei Armeen auf die Fliehenden.

Eine Stunde später, um halb zehn, umarmen sich Wellington und Blücher vor dem Hof von Belle Alliance. Die Preußen spielen „God save the King" und „Großer Gott, wir loben dich". In Brüssel spricht sich gegen zehn Uhr die Nachricht vom Sieg herum. Vier Tage nach Waterloo diktiert Napoleon in Paris seine zweite Abdankung, noch im gleichen Monat der Wiener Kongress die Neuordnung Europas.

Fast zweihundert Jahre liegt diese blutige und entscheidende Auseinandersetzung im Herzen Europas nun zurück. Die Neuordnung führte indirekt 1830 zur Gründung eines unabhängigen Staates Belgien. Doch der Glaube an die Kraft der Waffen war ungebrochen. Es sollten in der Alten Welt noch Kriege folgen, die alles Bisherige an Grausamkeit und Elend übertrafen. Deshalb ist es gar nicht hoch genug zu schätzen, dass Europa nach 1945 - wenn auch mühsam - begonnen hat, eine gemeinsame Zukunft zu bauen und Konflikte nur am Konferenztisch zu lösen.

Heute ist „Waterloo“ ein unterhaltsames Spektakel: Auf den alten Schlachtfeldern treffen sich alljährlich Europäer aus allen Himmelsrichtungen in historischen Uniformen zum „Marche du Souvenir“. Und alle fünf Jahre wird dort die Schlacht nachgestellt. An der Chaussée de Bruxelles 147 gibt es ein Wellington-Museum. Und wenn am Erinnerungstag beim Löwenhügel von Waterloo mittags die Frittenbuden geöffnet werden, um den Hunger eines internationalen Publikums zu stillen, wenn abends in den Kneipen ringsherum alle Sprachengrenzen fallen, dann ergreift einen ein Gefühl von Zuversicht, dass Menschen doch etwas aus der Geschichte lernen können.

„Mein geliebter Lucas..."

Der langsame Tod von Peter Paul Rubens

Peter Paul Rubens (1577-1640) war ein Malerfürst im wahrsten Sinne des Wortes. Aber gegen Ende seines Lebens traten immer mehr die innerlichen, introvertierten Seiten des umschwärmten Künstlers und weltgewandten Diplomaten an den Tag. Rosine De Dijn beschreibt die Wochen vor seinem Tod und sein Begräbnis.

Die letzten fünf Jahre seines Lebens verbrachte Peter Paul Rubens fast ausschließlich auf seinem Schloss „Hoff ten Steene", bei Elewijt zwischen Brüssel und Mecheln gelegen. Der Antwerpener Gesellschaft, des Trubels um seine Person müde, war sein Leben nun mehr und mehr nach innen gerichtet. Großes Palaver lag ihm ohnehin nicht besonders, wenn auch das feudale Schloss ideale Bedingungen für gesellschaftliche Zusammenkünfte jeder Art bot.

Er liebte vor allem seine Arbeit, zog sich oft mit Kreide in den weitläufigen Garten zurück, tauschte sich mit wenigen, ihm nahen Freunden aus, widmete sich dem Studium der Gemmen und las nach wie vor enorm viel. Obwohl er bereits eine umfangreiche Bibliothek besaß, kaufte er weiterhin über seinen Antwerpener Freund in der Plantinischen Druckerei, Balthasar Moretus, Bücher dazu. Er konnte nicht genug bekommen und füllte die Regale seines Anwesens stetig mit historischen Studien, Abhandlungen über die germanischen Völker, das antike kaiserliche Rom, Byzanz und vieles andere mehr.

Das umtriebige Leben des Diplomaten aber hatte Rubens endgültig hinter sich gelassen. Er wusste, dass er krank war. Schwerkrank. Sein letztes Selbstporträt in Wien zeigt einen introvertierten, geschwächten, von der Gicht arg gezeichneten alten Mann.

Ob er resignierte? Bereits 1637 konnte er wegen der Lähmung der rechten Hand einige Zeichnungen nicht mehr selbst ausführen und auch die Probestiche der Kupferstecher nicht mehr verbessern. Im Oktober 1638 sprach man wieder von einer Besserung. Aber es blieb bei einem Gerücht. Ende 1638 nahm die Krankheit ernste Formen an.

Der gläubige Katholik Peter Paul Rubens hatte ein Gelübde abgelegt und wollte den Redemptoristen des Klosters von Lessines fünfzig Gulden spenden zwecks Freikauf christlicher Sklaven in Algier, falls er von der Gicht geheilt würde. Aber seine Hände blieben steif. Er konnte kaum noch arbeiten. Ab 1639 war er auch nicht mehr imstande zu reisen. Im Februar desselben Jahres schickte er seinen Sohn Albert an seiner statt nach Brüssel, weil die Gicht ihn hinderte, selbst zu fahren. Auf seinem Landsitz Steen wurde er den ganzen Sommer über ständig von zwei Ärzten aus Mecheln betreut. Er schaffte sich eine eigene, private Welt.

Im Ausklang seiner Tage ließ er Menschen und Dinge näher an sich heran, gab so manche Reserviertheit auf. Vom beschaulichen Elewijt aus schrieb Rubens seinem Lieblingsschüler Lucas Fayd'herbe, dem begnadeten jungen Bildhauer, dem er das

Atelier in Antwerpen anvertraut hatte, einen väterlichen Brief:

„Mein lieber und geliebter Lucas, ich brauche notwendig eine Holztafel, auf der von meiner Hand drei Köpfe in natürlicher Größe gemalt sind, nämlich ein zorniger Soldat mit einer schwarze Mütze auf dem Kopf und zwei weinende Männer. Sie werden mir eine große Freude machen, wenn Sie mir diese Tafel sofort schicken oder, falls Sie in der Nähe sind, selbst kommen, sie nur bringen ... Es scheint uns merkwürdig, dass wir nichts von dem Wein aus Ay hören, denn der, den wir mitgenommen haben, ist schon ausgetrunken. Von ganzem Herzen, lieber Lucas, Ihr ergebener Freund". Und weiter im Postskriptum: „Sehen sie doch gut zu, wenn Sie umziehen, dass alles gut abgeschlossen ist und dass keine Originale oben im Atelier stehen bleiben, oder irgendwelche Skizzen. Erinnern Sie auch Wilhelm, den Gärtner, dass er uns, zu ihrer Zeit, die Rosilebirnen und Feigen herüberschickt, wenn welche reif geworden sind, oder sonst etwas Treffliches ans dem Garten. Kommen Sie doch herüber, sobald Sie können, damit das Haus verschlossen werden kann, denn solange Sie da sind, können Sie die Fremden nicht abweisen. Ich hoffe, dass Sie die goldene Kette schon in Auftrag gegeben haben, wie ich es angegeben habe, und dass sie mit Hilfe Gottes richtig gemacht wird."

Hier sprach kein Meister, kein Mann von Welt, sondern ein liebevoller Vater, ein gütiger Freund.

Lucas Fayd'herbe war Rubens wesensnah und durch die Kunst zutiefst verbunden. Der kranke, alte Mann sah in ihm sicher mehr als nur einen Schüler. „Ich glaube nicht, dass es einen einzigen Bildhauer im ganzen Land gibt, der besser wäre“, schrieb Rubens, fast verklärt, und einige Wochen später, anlässlich Lucas` Verlobung, schickte er ihm am 9. Mai 1640 die Zeilen: „Ich habe mit Freuden vernommen, dass Sie am Maitag den Maien gepflanzt haben in Ihrer Liebsten Garten, und ich hoffe, dass er wohl wachsen und Früchte bringen werde zu seiner Zeit. Ich und meine Frau und meine beiden Söhne wünschen Ihnen und Ihrer Liebsten Glück und eine vollkommene dauernde Zufriedenheit in dem neuen Stand aus ganzem Herzen. Mit dem Kind aus Elfenbein hat es keine Eile, denn Sie haben nun ein anderes Kinderwerk von größerer Wichtigkeit vor sich. Doch Ihr Besuch wird uns jederzeit willkommen sein. Ich glaube, dass meine Frau in wenig Tagen nach Mecheln kommen wird, um nach Steen zu gehen, und dann wird sie die Freude haben, Ihnen mündlich Glück zu wünschen. Inzwischen bitte ich Sie, meine herzlichsten Grüße Ihrem Herrn Schwiegervater und Ihrer Frau Schwiegermutter auszurichten, die, wie ich hoffe, täglich mehr Freude haben werden an dieser Heirat und an Ihnen. Dasselbe wünsche ich Ihrem Herrn Vater und Frau Mutter, die sich ins Fäustchen lachen muss, weil aus Ihrer Reise nach Italien nichts geworden ist, und weil sie, statt ihren lieben Sohn zu entbehren, noch eine Tochter dazu gewonnen hat, die sie mit Gottes Hilfe bald zur Großmutter machen wird. Womit ich verbleibe stets und aus ganzem Herzen. Ihr dienstwilliger Freund Peter Paul Rubens.“

Es war sein letzter, persönlicher Brief. Nun machte die Gicht ihn endgültig zum Krüppel. Kardinal-Infant Ferdinand, Statthalter der Niederlande, benachrichtigte seinen Bruder Philipp IV. in Madrid und schickte betrübte Bulletins nach Spanien. Er meldete, Rubens' Hände seien vollkommen gelähmt, und er werde nie wieder einen Pinselstrich tun können. Auch König Karl I. in England wurde von dem Maler und von Balthasar Gerbier auf dem Laufenden gehalten.

Im April 1640 bekam Rubens einen neuerlichen schweren Gichtanfall. Er wusste um sein langsames Sterben. Schüttelfrost und Schmerzen quälten den Kranken. Freunde und Familie hielten an seinem Bett tröstend Wache.

Am 17. Mai rief er einen Notar zu sich und machte ein neues Testament. Ein letzter Wunsch? Eine letzte Anweisung? Familienangehörige fragten den Todgeweihten, ob er dem Bau einer Gedenkkapelle, ihm zu Ehren, zustimme. Rubens zögerte, wollte er doch diese Entscheidung seinen ihm nahe stehenden Lieben überlassen, meinte jedoch, wenn seine Frau Helene, seine volljährigen Söhne aus erster Ehe und die Vormünder der minderjährigen Kinder der Ansicht seien, dass er ein solches Andenken verdient habe, so sollten sie für ihn und seine Nachkommen in seiner Pfarrkirche St. Jakob eine Grabkapelle errichten lassen.

Die mittlere Kapelle des Chorumgangs einer Kathedrale war seit alters her nur dem Namenspatron des Gotteshauses geweiht, so auch die mittlere Kapelle der Antwerpener Kathedrale. Zu Rubens` Zeiten wurde an der zweiten, ebenso imposanten Kirche Antwerpens, St. Jakob, noch gebaut. Die späte Handelsblüte der Stadt und die folgenschweren Religionswirren hatten die Fertigstellung des stolzen gotischen Bauwerks erheblich verzögert.

Fieber und Gicht belasteten das Herz nun erheblich. Zwei Antwerpener Ärzte kümmerten sich Tag und Nacht verzweifelt um den Schwerkranken, und zwei Chirurgen bemühten sich um sein stark schmerzendes Bein. An seinem Bett standen, wie damals am Sterbebett der unvergessenen Isabella, Rubens erster Frau, Lazarus Marcquis und Dr. Antonius Spinosa. Der jüdische Arzt war seit 1628 am Krankenhaus der spanischen Garnison in Mecheln tätig. Er war verheiratet mit Sara de Aguilar, ebenfalls Tochter einer Marranenfamilie aus Spanien. (Die unter Zwang konvertierten Juden wurden Marranen genannt, pflegten aber insgeheim oft noch ihre eigene Religion.) Auch Apotheker versuchten mit allen Mitteln, dem kranken Künstler zu helfen, und der Kardinal-Infant schickte aus Brüssel einen seiner angesehensten Hofärzte.

Am 27. Mai legte Peter Paul Rubens dem Notar Guyot ein neues Testament vor. Drei Tage später, am Mittag des 30. Mai 1640, starb der größte Maler der südlichen Niederlande seiner Zeit.

„Herr Peter Rubens ist vor drei Tagen verstorben, sodass nun Jordaens hier der erste Maler ist. Jordaens setzte unverzüglich seine Preise herauf, und van Dyck reiste kurz danach nach Flandern, um für sich die Krone zu erlangen. (...) Viele schöne Sachen werden bei Rubens Auktion verkauft werden“, meldete Gerbier nach London. „Man betrauert und rühmt ihn sehr, er hinterlässt eine reiche Witwe und reiche Kinder. All seine kostbaren Gemälde, Statuen, Achate, Schnitzwerke aus Elfenbein und Zeichnungen werden verkauft werden. Wenn Seine Majestät oder Eure Lordschaft einige der besagten Kostbarkeiten erwerben lassen möchten, dann dürften Kreditbriefe notwendig sein..." Man wusste schon damals nur allzu gut, dass eine ganze Reihe wertvoller Dinge aus dem Nachlass unters Volk kommen würden.

Kardinal-Infant Ferdinand unterrichte ebenso lakonisch Philipp IV. in Madrid vom Ableben des Malers und stellte sich die Frage, was nun wohl aus den von Philipp bereits bei Rubens in Auftrag gegebenen, aber nicht vollendeten Gemälden werden sollte. Der junge Kardinal schätzte ganz offenbar nur den Meister, der ungewöhnliche Bilder zu liefern imstande war, nicht aber den Menschen, dessen Tod es jetzt zu bedauern gab: „...wie ich Eurer Majestät versichere, besonders in Anbetracht des Zustandes, in welchem er die Bilder hinterlassen hat: eines von den großen ist fast vollendet, das andere angelegt und die beiden kleinen sind sehr fortgeschritten..." Der Mensch Peter Paul Rubens hatte wohl nur am Rande gezählt.

Keine Trauermeldung, nicht eine einzige Äußerung oder Mitteilung über Rubens' Tod seitens der Angehörigen oder der ihm nahe stehenden Freunde ist erhalten geblieben. Nur der Abbé von Saint-Germain (Paris) schrieb einfühlsam seinem Freund Balthasar Moretus, dem Schwiegersohn des Antwerpener Druckers Christoph Plantin: „Er ist von uns gegangen, um die Originale vieler schöner Bilder zu sehen, die er uns hinterlassen hat."

Rubens Leichnam wurde noch am Todesabend in die Kirche St. Jakob überführt und in der Gruft der Familie Fourment, den Verwandten seiner zweiten, um 37 Jahre jüngeren Frau, beigesetzt. Mönche aus sechs Klöstern begleiteten den Trauerzug. Der Trauergottesdienst fand am 2. Juni statt. Unzählige Kerzen in mehr als sechzig Kronleuchtern flackerten unter dem Gewölbe des imponierenden Mittelschiffs des würdigen Gotteshauses. Musikanten der Liebfrauen-Kathedrale spielten und sangen das „Miserere", das „Dies Irae" und Psalmlieder. Die Geistlichen von St. Jakob schritten voran, gefolgt von den von Rubens unterstützten Armenorden und sechzig Waisenkindern.

Ganz Antwerpen war auf den Beinen: die obersten Beamten, Hoch- und Landadel, Kaufleute und Mitglieder der Malschule, Nachbarn, Bedienstete. Während sich in Rubens' Haus der private Kreis zum Traueressen versammelte, bei dem sein geliebter Ay-Wein kredenzt wurde, gedachte die Stadt, ebenfalls bei einem Essen im Rathaus, des Verstorbenen. Die Romanisten trafen sich im Gasthof zur Goldenen Blume, die Bruderschaft von St. Lukas im Gasthof zum Hirschen. Die Bewirtung all dieser Gäste sowie die Erledigung aller anderen Verpflichtungen nach der Beerdigung kosteten sage und schreibe 25 000 Gulden.

Der Chor der Kirche und das Trauerhaus waren, den Sitten der Zeit entsprechend, sechs Wochen lang mit schwarzen Tüchern verhängt. Allein in der Stadt Antwerpen wurden während der darauf folgenden sechs Wochen in elf Kirchen und Konventen zu Rubens' Seelenheil über 860 Messen gelesen. Auch in der kleinen Pfarrkirche von Elewijt nahe Steen las man 24 Messen. Dieses ganze Ritual entsprach zutiefst dem katholischen Selbstverständnis des Malers und stand zugleich im völligen Gegensatz zu dem einstigen protestantischen Bekenntnis seiner 1608 verstorbenen Mutter Maria Pypelinckx, die in ihrem Testament zur Rettung ihrer Seele nicht eine einzige Messe in Auftrag gegeben hatte.

Rubens‘ Sarg blieb vorübergehend in der Familiengruft der Fourments. Die Familie erfüllte den letzten Wunsch des Malers. Ein Jahr nach seinem Ableben erteilten die Stadtväter und die Geistlichkeit die Genehmigung für den Bau einer Grabkapelle hinter dem Chor der St. Jakobskirche. Am 14. März 1642 wurde der Baukontrakt abgeschlossen, am 3. November 1643 das Richtfest gefeiert und kurz darauf der Sarg aus seiner vorübergehenden Ruhestätte in die neu errichtete Gruft überführt.

Rubens‘ großer Freund und Wegbegleiter Jan Caspar Gevaerts ließ in einen Stein auf dem Boden der Kapelle ein Epitaph meißeln: „Peter Paul Rubens, des Johannes, Senators dieser Stadt, Sohn, Herr von Steen, der unter die Gaben, in denen er wunderbar leuchtete, in der alten Sprache und Geschichte und allen Schönen und Edlen Künsten nicht nur seines Jahrhunderts, sondern aller Zeiten Apelles genannt zu werden verdiente, und zu der Könige Land der fürstlichen Männer Freundschaft einen Zugang sich schuf...“

Auf dem Altar wurde „Die Madonna mit Heiligen“ aufgestellt, eines seiner letzten Bilder, und darüber eine Marmorstatue der Jungfrau Maria, angefertigt von seinem „lieben und geliebten Lucas“. Zudem erhielten vier neue Glasfenster das Wappen des Verstorbenen. Wahrlich, ein Fürst hatte seine letzte, ihm würdige Ruhestätte gefunden.

Am 23. Oktober 1855 wurde die Gruft geöffnet und

untersucht. Die insgesamt mehr als zwanzig Särge der Familie Rubens waren in unterschiedlichem Zustand. Der Sarg des großen Malers konnte nicht mehr mit Sicherheit identifiziert werden.

Das Grab in den Wäldern

Die Dichter der Ardennen

Paul Verlaine, Arthur Rimbaud, Guillaume Apollinaire, George Sand, Ernest Hemingway oder Alfred Andersch – diese und viele andere Dichter haben in den Ardennen geliebt, gelitten und sich zu großen Werken inspirieren lassen. Freddy Derwahl hat sich auf ihre Spuren begeben. Sie führten auch zum Geheimnis einer Landschaft, die sich noch immer ein Stück Verschlossenheit und Urtümlichkeit bewahrt hat.

In einer Lichtung beim Schloss von Pont d´Oye befindet sich ein seltsames Grab. Der Dichter Pierre Nothomb hat sich diese Ruhestätte am Rand der Wälder von Anlier ausgesucht. Ein Weiher und ringsum, wie eine Ehrenwache, die rauschenden Pappeln. Von 1923 bis 1966 versammelte Nothomb in dieser Nische der Ardennen Literaten aus den zunächst noch verfeindeten Nachbarstaaten. Georges Bernanos war darüber so gerührt, dass er den Gastgeber in einer Tuscheskizze verewigt hat. Hier in Habay-la-Neuve sind die Grenzen fließend und tückisch zugleich. Hier noch der melodische Dialekt wallonischer Holzfäller, dort schneidige deutsche Ordnung, dann und wann unterbrochen von schelmischen Zwischenrufen in letzeburger Mundart. Dem uralten Kriegsland, durch Europa befriedet, haftet noch heute etwas Geheimnisvolles an: Stets war es geprägt durch wilde Aufmärsche, und die

Besiegten flüchteten sich in unheimliche Verstecke. Die Trevierer nannten die wälderreiche Gegend „Ar-Denn", was Tiefe heißt, und Cäsars Legionäre fürchteten keine Göttin mehr als die keltische Arduenna. Schön und keusch, so rühmt sie hingegen der Poet Adrien de Prémorel, so lockend und abweisend wie diese grüne Wüste, die einst von Reims bis Köln reichte: Galliens größte Wildnis, dort hausten Wölfe, Wildschweine, Bären und Auerochsen.

Ein Grab in den Wäldern mythischer Schlachten. Man spürt die Friedhofsstille der Besiegten und das Schweigen der umliegenden Bußklöster. „Per crucem ad lucem", durch das Kreuz zum Licht, so heißt es im Wappen der Trappistenabtei von Orval. Für den Zisterzienserabt Bernard von Clairvaux war das Warche-Tal bei Malmedy „das köstlichste der Ardennen". Der amerikanische Kriegsberichterstatter Ernest Hemingway sah jedoch eher die finsteren Tannen, er glaubte in dieser Landschaft „Drachen" zu wittern. Betrachtet man die Darstellungen der mittelalterlichen Burganlagen von Bouillon, Walzin oder La Roche, entdeckt man seltsame Gemeinsamkeiten mit Werken zeitgenössischer Kunst. Ob Jean Donnay´s „Winterjagd", Richard Heintz´ „Chiny" oder die „Späte Saison" des Malmediers Raoul Ubac: Immer ist da ein obskurer Schmerz, der Anbruch der Nacht. Selbst der Schutzpatron dieser Abgeschiedenheit, der heilige Hubertus, ritt vor seiner Bekehrung gegen den Rat seiner Frau während der Karwoche zur Hetzjagd durch das Dickicht und sank erst vor dem leuchtenden Kreuz im Geweih des Hirsches in die Knie. Pierre Nothomb, der Dichter im Grab von Habay, hat dieses abgründige Fels- und Sumpfland noch weiter in die

Grenzbereiche tödlicher Übergänge getrieben: „Keine Farben: aber alle Nuancen des Blaus, des Grüns und der Malve, ein Teppich giftiger Pilze am Fuß der Tannen, doch meist dieses raue und zarte Grau im Widerschein des Schiefers".

Hinter alledem verbirgt sich eine uralte Sehnsucht von Künstlern, die Erhard Kästner bei seinen Gesprächen mit Martin Heidegger beim Namen genannt hat. Seine Wanderungen in die Wälder sind Rückzug in das Intakte und zugleich Aufbruch zum Quellgrund mächtigen Mysteriums: „Königsforst, Jagdgrund, Herkunft des Wunderbaren, Brunnenstube des Märchens. Wald hat Zaubermacht und Macht der Verwandlung, hohe Macht also; aus dem Wald kann alles noch kommen."

Eifel und Ardennen sind seit der Sage von den Haimondskindern und dem Niedergang der monastischen Skriptorien von Stavelot-Malmedy oder Prüm literarisch für lange Zeit in Vergessenheit geraten. Clara Viebig („Das Kreuz im Venn") oder Alfred Andersch („Winterspelt") gehören zu den wenigen deutschen Schriftstellern, die sich vom geheimnisvollen Zauber des Berglands inspirieren ließen. Beim späten Boom des Eifel-Krimis dürfte viel kompensatorische Fantasie der nicht selten ortsfremden Autoren im Spiel sein. In der französischen Literatur liegen die Dinge etwas anders. In den Ardennen zwischen Lüttich und Arlon sind Heimatforscher und regionale Poeten neben den darstellenden Künstlern schon seit Längerem bemüht, ihrer Landschaft neue Worte und neue Bilder zu verleihen.

Sie befinden sich in guter Gesellschaft. Im 19. und 20. Jahrhundert zog es herausragende französischsprachige Dichter in die Ardennen, wo sie sich „für eine Saison ihres Lebens“ von deren derber Schönheit verzaubern ließen: Victor Hugo, Paul Verlaine, Arthur Rimbaud und Guillaume Apollinaire. Gemeinsam ist all diesen Großen der französischen Literatur, dass sie als Getriebene eher flüchtig in diesen verlorenen Landstrich kamen, dann aber darin so etwas wie eine dunkle Chiffre ihrer eigenen Not und Ruhelosigkeit entdeckten.

Victor Hugo, der seit 1837 auf der Flucht vor dem von ihm als *Napoléon le Petit* gehassten neuen Königs bis zu seiner Ausweisung durch den Brüsseler Senat am 30. Mai 1871 immer wieder Belgienreisen unternahm, verband mit diesen Aufenthalten eine Therapie in eigener Sache. Seine Frau Adèle hatten ihn wegen eines Anderen verlassen, was den Autor von „Die Elenden“ mit Schmerz erfüllte. Seine Reisebriefe und Zeichnungen aus Flandern und den Ardennen sind deshalb nicht nur wegen ihrer Fülle beeindruckend, sondern auch als tapfere Versuche der Rückeroberung, die ihm nach einiger Mühsal dann auch gelang. Zwischen 1861 und 1865 weilte er mehrmals in den Ardennen, wobei es ihm die Ruinen Orvals und die Burg des Kreuzritters Gottfried von Bouillon besonders angetan hatten. Das Wesertal zwischen Lüttich und der preußischen Grenze lobte er gar mit Hinweisen auf die Lyrik Vergils, während er 1867 zusammen mit der reuigen Gattin bei einem Badeaufenthalt in Spa den labilen Charme der Bourgeoisie beobachtete und ausrief: „Europa bricht zusammen!“

Der Meister poetischer Avantgarde, Guillaume Apollinaire, kam zur Jahrhundertwende als junger

Adliger namens Wilhelm de Kostrowitzky ins benachbarte Stavelot. Während sich seine dominante Mutter mit einem Verehrer im Casino von Spa amüsierte, erlebte der schüchterne Sohn nach den Entbehrungen trister Internatsjahre den Schock seines Lebens. Das Ameltal und das Hohen Venn, erste Alkoholerfahrungen im „Café des Brasseurs" und die Liebe zur jungen Kellnerin Marie Dubois inspirierten ihn zu ersten Gedichten. Er sei hier so glücklich, so jubilierte er, „wie der heilige Remaklus in seinem Goldschrein". Zwar suchte er, ohne die Hotelrechnung zu begleichen, am Ende dieses wilden Sommers das Weite, doch noch in seinem weltberühmten Gedichtband „Alkohol" klingen die Erinnerung an Marie und die Waldhöhe von Bernister wehmütig nach. Die Ardennen als heimliche Zuflucht der Liebenden und unheimliche Kulisse verlorener Liebe, das ist auch das Thema der Mätresse Chopins, George Sand, die ihren Roman „Malgré-tout" im Maastal ansiedelte, weil sie dort, nach den Worten von André Maurois, im mäanderhaften Flusslauf und seinen Stromschnellen das Pendant zur obsessiven Betrachtung ihres eigenen abenteuerlichen Lebens fand. In den stillen Bezirken der Soldatenfriedhöfe reicht diese sonderbare Nähe, die hier alle Dichter anrührt, über die Dinge des Lebens hinaus.

Der belgische Historiker Godfried Kurth aus Arlon bedauerte zutiefst, dass das junge Belgien bis zum 3. August 1914, dem Tag des Einmarsches der Deutschen im Ersten Weltkrieg, ein „Garten der europäischen Zivilisation" war und „jetzt nur noch deren Friedhof ist". Auf einem solchen Ardennen-Friedhof, in der Nähe von Rossignol, hat man auch den Freund von Léon Bloy und Jacques Maritain, den Autor Ernest Psichari beigesetzt. Sein Buch „Stimmen, die in der Wüste rufen“, birgt nicht nur die Erfahrungen harter Soldatenjahre in Afrika; auch berichtet Psichari über seinen Durchbruch zum Katholizismus, seine große Konversion. Schließlich sollte auch Apollinaire, der französische Soldat, 1918 zwei Tage nach dem Waffenstillstand an den Folgen einer Verwundung sterben, die ihn so geschwächt hatte, dass er wehrlos der Spanischen Grippe erlag. Das letzte von ihm erhaltene Bild ist eine Zeichnung seines Freundes Pablo Picasso. Sie zeigt ihn nach seiner schweren Kopfverletzung durch einen Bombensplitter, verbunden wie eine Mumie.

Bereits einige Jahrzehnte zuvor hatte ein anderes Genie der französischen Literatur die Enge der Ardennenstädtchen als Bedrohung empfunden und die Flucht ergriffen: Arthur Rimbaud, der in Charleville aufwuchs und nach einem riskanten Leben hier begraben wurde. Auch er fürchtet die strenge Mutter und stürzt lebenshungrig in eine zunächst zarte und schließlich fast tödliche Beziehung zu dem Dichter Paul Verlaine. Bevor er im Orient untertauchte, besuchte Rimbaud seinen Freund mehrere Male in den belgischen Ardennen; die berühmten Dichtungen „Die Erleuchtungen“ und „Aufenthalt in der Hölle“ gehen daraus hervor. Paul Claudel schrieb später über die beiden Unglücklichen: „Söhne der Ardennen und des Schiefers... Schiefer, stets feuchter und finsterer als der Regen“.

Als Ernest Hemingway im September 1944 zum ersten Mal in die Ardennen kommt, befindet er sich in einer Art Rausch. Der Freiwillige aus dem Italienfeldzug des Ersten Weltkrieges und des Spanischen

Bürgerkrieges reist als Reporter der amerikanischen Zeitschrift „Colliers". Zusammen mit französischen Widerständlern ist er ins befreite Paris eingerückt. Sein Zimmer im Hotel „Ritz" an der Place Vendôme gleicht einem Waffenlager. Gewehre und Handgranaten liegen auf den Betten neben leeren Champagnerflaschen der Marke Perrier-Jouet. Wenn nicht gerade gesoffen wird, reinigen die Guerilleros aus dem Maquis die Gewehrläufe. Der Maestro schreibt auf dem Klo. Doch dann wechselt er bald zu einer blonden Dame aufs Zimmer 86, der er nicht nur ein Gedicht widmet, sondern spontan einen Heiratsantrag macht. Es ist seine Kollegin von „Time-Life", Mary Welsh, der er von jenseits der belgischen Grenze schreibt, es sei „herrlich in diesem Waldland", er fühle sich, wie früher als kleiner Junge oben in Michigan, „nicht um den Herbst betrogen". Er ist verliebt und riecht zugleich „in diesem Indianerland" den Rauch der Schlachten. Papa Hemingway ist high: „Das war wirklich der glücklichste Monat, den ich je in meinem Leben verbracht habe."

Waldland, Indianerland, Drachenland. Mit der Pistole köpfen sie Hühner und trinken alles, was sich finden lässt, dann verfolgen sie Panzer und sprengen sie in die Luft: „Dieses Land ist eine einzige Folge von bewaldeten Hügeln und welligem Gelände mit ein paar kahlen Höhen...", schreibt er, „...manchmal ist das Dickicht des Waldes wie daheim."

Doch ändert sich bald dieser euphorische Ton, aus einem Brief, den er seiner Geliebten im „Ritz" schickt, spricht Sehnsucht und Einsamkeit, ein „Vorgefühl von Unheil, von Erlöschen".

Triefend und dunkel sind jetzt die Wälder.

Der Brief erreicht sie irrtümlich, er trägt den Vermerk „Bitte im Todesfall absenden".

„Un peu de trop, c'est juste assez pour moi" – „ein bisschen zu viel, das ist gerade genug für mich", so schwärmte der Kriegsberichterstatter beim Urlaub in den Pariser Bars. In den Tagen nach dem 16. Dezember 1944, dem Beginn der Ardennenoffensive von Rundstedt, kommt es dann knüppeldick. Hatrival, Salle, Recogne, so heißen die Nester seiner Begegnungen mit der Front während der Schlacht um Bastogne. Seine Erzählung „The Monument" spielt in der Nähe von Houffalize. Bei Saint-Hubert gerät er in einen Hinterhalt deutscher Panzer und kann noch gerade entkommen. Im Bois du Banet lernt er die Offiziere der belgischen Widerstands-Armee, der „Weißen", kennen und notiert: „Echte Wölfe der Ardennen, unbezähmbar". In der letzten Schlacht des Zweiten Weltkriegs, im Winter 1944/45, fallen 6 700 Soldaten. Hemingway wird diese Tage nie vergessen. Ob beim Stierkampf in Pamplona, beim Fischfang vor der kubanischen Küste oder auf der Großwildjagd am Kilimandscharo, es bleibt das Thema seines Lebens: immer wieder, wie damals in den Ardennen, Geschichten von der Liebe und vom Tod.

Krimis, Koller, Kirchen

Georges Simenon und seine Heimatstadt Lüttich

Kommissar Maigret stammt nicht aus Paris, sondern – ebenso wie sein Schöpfer Georges Simenon – aus Lüttich. Und er hätte auch aus keiner einzigen anderen Stadt der Welt stammen können. Typisch für die wallonische Metropole ist ihre unvergleichliche Mischung aus Bürgerlichkeit und Anarchismus, aus Lebensfreude und Fatalismus, aus Glanz und Armut. ***Marion Kaufmann*** *hat Lüttich besucht, mit einem Maigret-Roman unter dem Arm.*

Kalter, dichter Nebel senkt sich auf den Quai Sainte-Barbe. Nur das unheimliche Gurgeln der Maas ist zu hören. Und das Keuchen dreier schemenhafter Gestalten, die sich am Flussufer zu schaffen machen. Dann ein dumpfer Aufprall im Wasser. Im Schein der Gaslaterne sieht man gerade noch etwas Unförmiges, Dunkles an der Wasseroberfläche den Strom hinabtreiben.

Ich stehe am Tatort. Ein Blick in meine zerfledderte Taschenbuchausgabe – ja, hier, nur wenig Schritte von der Pont Maghin muss jener grausige Mord geschehen sein, den Georges Simenon in seine Kriminalroman „Maigret und der Gehängte von Saint-Pholien“ beschrieben hat. Dieser Roman, mit dem Simenon seiner Heimatstadt Lüttich ein Denkmal gesetzt hat, soll mich auf meinem Spaziergang durch die wallonische Metropole begleiten.

Denn was nur wenige wissen: Die eigentliche Heimat des berühmten Kommissars und seines Schöpfers liegt in Belgien. Die Menschen – Kriminelle, Künstler, Barmädchen, Drogenschieber, Fischhändler, Polizisten – und überhaupt vieles, was Maigret-Liebhabern als typisch pariserisch erscheint, ist eigentlich „liègois", typisch Lüttich. Auch wenn die „schmutzigen Mädchen ohne Schlüpfer, die mit gespreizten Beinen auf dem Bürgersteig sitzen" inzwischen aus dem Straßenbild verschwunden sind, verströmt die Zweihunderttausend-Einwohner-Stadt an der Maas auch heute noch diese leicht verruchte Atmosphäre, eine Mischung aus Laszivität, Verführung und Direktheit, die Simenon in seinen Romanen beschreibt.

Der Regen wird stärker und der Wind peitscht das Wasser der Maas gegen die Uferpromenade, als ich entlang des Quai des Tanneurs in Zentrum von Outremeuse wandere, um genau diese Atmosphäre aufzuspüren. Echtes Lütticher Regelmantelwetter eben, wie ich es als leidenschaftliche Maigret-Leserin aus den Romanen über dem behäbigen Pariser Kommissar mit Pfeife und Trenchcoat kenne.

Da gibt der Regenschleier den Blick auf einen Kirchturm frei: Saint-Pholien, die Kirche, an deren Tor sich in Simenons Roman ein geisteskranker Künstler namens Klein erhängte. Heute ist nur ein amorpher Gebäudekomplex vom ehemaligen Elendsviertel rings um die Kirche übrig geblieben, jenem „Gewirr enger Sträßchen und Sackgassen, aus denen der abstoßende Geruch nach Armut schlug". Doch auch heute noch sind die Häuser stark heruntergekommen, von den grauen Fassaden bröckelt der Putz, einige Fenster sind zugemauert, da und dort ist eine Haustür verbarrikadiert. Ein trauriges Indiz dafür, dass Lüttich, die ehemalige Hochburg der belgischen Kohle- und Stahlindustrie, ihre wirtschaftliche Blütezeit lang hinter sich gelassen hat. Die Arbeitslosenquote wird nur von der der südbelgischen Industriestadt Charleroi übertroffen.

Bunter und einladender ist das Treiben rings um die Place du Congrès, den man über die nach dem Autor benannte Rue Georges Simenon erreicht. Inmitten des Platzes, eingenebelt von den Abgasen der Autos, die sich von morgens bis abends um die Verkehrsinsel drängen, thront der Vater des Romanhelden in Form einer naturalistischen Halbbüste und blickt auf sein Outremeuse, jenes kleinbürgerliche und aufsässige Stadtviertel, dessen Bewohner noch heute bekannt sind für ihre Dickköpfigkeit, ihren Lokalpatriotismus, ihren Witz und ihren Lütticher Dialekt. Die blechernen Zunftschilder, wie etwa der rote Zylinder, der über der Hutmacherei von Simenons Großvater in der Rue Puits-en-Socks gehangen hat, sind inzwischen bunten Neonreklamen und blinkenden Leuchtgirlanden gewichen. Links und rechts der Rue Puits-en-Sock erstreckt sich ein Gewirr von Gänge und Passagen. Man glaubt, sich in private Hinterhöfe verirrt zu haben. Ich riskiere einen Blick durch die erblindeten Fensterscheiben und dringe ein in die Eingeweide des kleinbürgerlichen Lebens. Keine Gardine verhüllt den Blick in die Wohnstuben, die mit ihren zusammengewürfelten Möbelstücken, Familienfotos und Spitzendecken im Kleinen verkörpern, was Simenon seiner Heimatstadt attestiert hat: Für ihn war sie „ein

Musterbeispiel gutbürgerlicher Spießigkeit" – eine Spießigkeit, die einem förmlich in die Nase quillt. Morgens der penetrante, beißende Geruch der Putzmittel, mit dem die Lütticher Frauen tagtäglich den Bürgersteig schrubben, abends der verlockende Duft von Boeuf à griller, gegrilltem Rindfleisch, das Maigret nach Dienstschluss mit einem kühlen Glas Bier zu genießen pflegte.

Schon Simenon hat dieses sinnliche Chaos gereizt, das aus den Gassen des heimlichen „Partnerviertels" von Montmartre aufsteigt. Einerseits schätzte er die Gradlinigkeit und den Realismus der kleinen Leute von Outremeuse, andererseits verabscheute er ihre Borniertheit und Engstirnigkeit.

Doch auch zum prunkvolleren Teil der Stadt am anderen Ufer der Maas hatte der Autor ein gespaltenes Verhältnis. Ihre Monumente der Hochkultur und des Luxus beargwöhnte er kritisch und distanziert, jedoch genoss er auch die Annehmlichkeiten des dortigen Nachtlebens. Über die Pont des Arches, die den Titel zu Simenons ersten Roman lieferte, gelange ich zum linken Flussufer. Wie jeden Sonntagmorgen staut sich hier der Verkehr zurück vom Quai de la Batte. Denn dort findet „La Batte" statt, der allsonntägliche Floh- und Krämermarkt, auf dem von Gemüse über lebende Hühner bis zu Stützstrümpfen und Antiquitäten alles zu haben ist, was der Mensch braucht oder auch nicht braucht. Für Simenon war diese Kakophonie der Sinne, Gerüche und Menschen das „schönste Spektakel der Welt". Eine Gruppe schaulustiger Erwachsener amüsiert sich über einen Pfau, der verzweifelt versucht, in seinem viel zu engen Käfig ein Rad zu schlagen, während sich eine Horde Kinder mit ihren von Fett triefenden Würstchen die sorgfältig aufgebügelten Sonntagskleider ruiniert.

Wirres Leben auch in der Rue de l'Agneau, nur wenige Schritte vom Quai de la Batte entfernt. Hinter der „Lämmchengasse" beginnt das Rotlichtviertel der Stadt, ein „Gewirr enger Gässchen, die, einer Aussätzigeninsel gleich, inmitten des Zentrums von Lüttich liegt". Drei halbwüchsige Jungen riskieren verstohlen einen Blick in eines der Schaufenster, in dem eine halb nackte Prostituierte auf ihren Anteil am Sonntagsmarkt hofft, und verfallen in Kichern, als tatsächlich ein Mann seinen Regenschirm zusammenklappt und in den Schauraum eintritt. Die schmutzige Gasse ist höchstens drei Minuten vom Geburtshaus Simenons entfernt, der im Laufe seines Lebens nach eigenen Angaben mit etwas achttausend Prostituierten geschlafen haben will. Ein Schild neben dem Eingang des Geburtshauses in der Rue Léopold verkündet schlicht: „Créateur du Commissaire Maigret".

Hier, in Haus Nr. 24, wurde Simenon am Freitag, dem 13. Februar 1903, in einem schäbigen Zimmer ohne Wasser und Gas geboren. Den schlechten Omen zum Trotz avancierte er zu einem der erfolgreichsten Krimi-Autoren der Welt, dessen Kommissar Maigret in einem Atemzug mit Sherlock Holmes und Miss Marple genannt wird. Die Anregungen für seine weltberühmten Romane holte sich der junge Simenon gleich um die Ecke. Im Hauptkommissariat am Ende der Rue Léopold, hinter dem barocken Rathaus, studierte er als Reporter der „Gazette de Liège" Tag für Tag die aktuellen Polizeiberichte. Der damalige Lütticher Polizeichef nahm den jungen

Reporter ab und zu auf dem Soziussitz mit, wenn er mit dem Motorrad zum Tatort raste. Er soll das Vorbild für Kommissar Maigret gewesen sein.

Inzwischen hat der Regen meinen Stadtplan aufgeweicht und ich flüchte in eine der kleinen, gemütlichen Kneipen am Marktplatz. Der Ober bringt mir eine *lait russe*, die sahnig-süße belgische Variante des Milchkaffees. Ich schlage meinen Maigret auf. Vor dem Fenster ein fast menschenleerer, von Bäumen gesäumter Platz und dort ein enormer Springbrunnen, der Perron, das Lütticher Wahrzeichen. „Ich liebte die kleinen Kneipen ringsherum. Sie rochen nach Wacholderschnaps, dort gingen die wallonische Dichter und heimischen Theaterkünstler ein und aus", schwärmte Simenon über dieses kleine Eiland inmitten des hektischen Großstadttreibens. Ich stelle mir vor, wie Simenon hier seine Muse und seinen Maigret gefunden hat. Eine Menschenansammlung am Ende des Platzes holt mich in die Wirklichkeit zurück.

Neugierig geworden, folge ich ihr und gelange in die Rue Féronstrée, zu Simenons Zeiten „eine enge und belebte Straße, in der die Straßenbahnen mit ohrenbetäubendem Lärm dicht an den zu schmalen Gehsteigen vorbeiratterten". Mittlerweile sind die Straßenbahnen aus dem Stadtbild verschwunden, stattdessen drängen sich Fußgänger auf den „zu schmalen Gehsteigen" aneinander vorbei. Einige schleppen Tüten von der „Batte" nach Hause. Ein alter Mann trägt ein gackerndes Huhn in einer löchrigen Pappschachtel und verschwindet damit in einem der vernachlässigten Häuser aus dem 18. Jahrhundert, von denen ich nicht weiß, ob ich sie charmant oder scheußlich finden soll. Was wohl aus dem Huhn wird? „Die lange, dunkle Straße, die für uns die Welt bedeutete, mit ihren verschlossenen Läden und den blauen Gaslaternen, diese Straße mit ihren verstohlenen Schatten“, wie Simenon sie aus seiner Jugend in Erinnerung hat, ist heute ein Konglomerat aus spröden Betonbauten und klassizistische Fassaden. Zwischen kleinen Tabak- und 24-Stunden-Läden dümpeln etwas verlorene Inselchen der Kultur und der Geschichte wie das Musée de l'Art Wallon. Sie lassen noch etwas vom Glanz der einstigen Straße der Tuchmacher, Kupferschmiede und Eisengießer erahnen.

Die herausgeputzten Flanier- und Ausgehmeilen findet man heute in einem anderen Teil der Stadt: Vorbei am Palast der Fürstbischöfe an der Place Saint-Lambert und dem Théâtre Royal gelange ich ins Carré, einem Straßenviereck, wo sich schon zu Simenons Zeiten „die besten Geschäfte, große Brasserien, Kinos und Tanzbars“ befanden. Heute ist das Carré bevorzugter abendlicher Treffpunkt der Studenten, und man begegnet, ebenso wie seinerzeit Simenon, „so zwanzigmal am Abend denselben Leuten“. Tagsüber hängt ein eigentümlicher Gerüchemix in den Gassen. Kneipenluft aus Bierdunst und Zigarettenqualm vom Vorabend paaren sich mit den verlockenden Düften der Delikatessenläden, die von der belgischen Liebe zum guten Essen zeugen. Eine Liebe, der auch der Gourmand Maigret mit seiner „imposanten Körpermasse“ verfallen war. Eine Straße weiter mischt sich der Geruch ranzigen, abgestandenen Fetts einer Pommesbude mit dem eleganten, blumigen Parfum einer Geschäftsfrau, die soeben zwei große Einkaufstüten aus einer der Nobelboutiquen schleppt. Lüttich ist die Symphonie der sinnlichen Gegensätze, das Carré der Mikrokosmos dieses liègoiser Lebensgefühls.

Ich verlasse die Reservate des guten Lebens in Richtung Boulevard d'Avroy und schlendere zum Bahnhof Guillemins. Eines glaube ich verstanden zu haben: Simenons Heimatstadt ist nicht unbedingt schön, aber sie ist ehrlich, ungeschminkt und ein bisschen verschroben: genau wie mein Kommissar. Dem Mythos Maigret ein Stückchen näher, steige ich in den Zug Richtung Paris. Hier, in Guillemins, hat auch Georges Simenon den Eilzug in die Lichtstadt genommen, um der ambivalenten Atmosphäre seiner wallonischen Heimat zu entkommen. Einer Heimat, von der er selbst nicht wusste, ob sie ihn deprimierte oder faszinierte, abschreckte oder anzog, einengte oder befreite. Eine Heimat jedenfalls, die ihn inspirierte – und schließlich doch vertrieb.

Jenseits von Fritten

Die belgische Ess- und Lebenskultur

Belgien gibt mit seiner Feinschmeckerkultur nicht an. Jedoch übertrifft die Zahl der Michelin-Sterne pro Kopf der Bevölkerung die sämtlicher anderen europäische Länder. Aber auch, weil Essen in Belgien viel mehr ist als Nahrungsaufnahme, zieht es Bernd Meier *immer wieder an die flandrische Küste.*

Das kleine Paradies liegt irgendwo auf dem platten Land in Flandern, zwischen sattgrünen Wiesen, kahlen Pappelreihen und schnurgerade gezogenen Polderkanälen. Nur weiter vorne im Westen stemmen sich die Fassaden der Hochhäuser von Knokke-Heist gegen den immer wehenden Wind. Himmelstürmend stehen sie da, scheinbar für immer aufgerichtet, zu Stein gewordene Investitionen, Wachstum. Grau der Beton und unnahbar, nun im November die Fensterfronten wie tote Augen. Scheinbar nutzlos zu dieser stillen Jahreszeit. Blütenweiß gewaschene Vorhänge gegen neugierige Blicke nach innen. Im nächsten Sommer werden die Besitzer aus Brüssel, Brügge und Antwerpen wiederkommen, aus den Stadtvillen an die Küste. Nächstes Jahr an den Pfingsttagen, wenn erste warme Sonnenstrahlen die Steine des breiten *Zeedijk*, des „Strandpromenade", wieder streicheln werden.

Ein paar Kilometer weiter, da draußen vor Damme. Früher Dunst unter blassblauem, hohem

Himmel wabert über sattgrünen Weiden. Irgendwer hat die Zeit hier angehalten. Es ist still im Winter hier, sehr still. Die Stille kriecht durch die Türen des Bauernhofes, Mittelalter. Vierhundert Jahre und mehr haben die wuchtigen Mauern überdauert. Marc heißt der Landwirt von heute. Ein Weitgereister. Die Ausbildung in England und in Oberbayern, spricht vier Sprachen fließend, lebt von Milchkühen und Schafen, hat ein paar Fremdenzimmer ausgebaut, weil Kühe und Schafe auf die Dauer allein zu wenig sind zum Überleben. Die Unterkunft hat nichts Großes, schon gar nicht Luxus, dagegen nur etwas für Reisende, die Ruhesuchende sind. Ohne Fernseher, ohne Zimmertelefon, dafür mit viel Liebe hergerichtet. Das einsame, weiße Gehöft gleicht einer frühen Erinnerung an das einfache Leben auf dem Land. Flandern - wie aus einem Bilderbuch.

Am Abend steht der Mann mit ein paar jungen Frauen zusammen am Herd, bereitet zarte Steaks, Wildkaninchen oder würzige Lammbraten zu, Küche schon einem Stern nahe. Getafelt wird gemeinsam, die Gäste nehmen an wuchtigen Holztischen Platz. Warmes Kerzenlicht schmeichelt im Raum, dazu leise Klänge, Händel und Haydn, Beethoven, Brahms. Viel Atmosphäre.

Pommes in Marcs Menüs? Fehlanzeige. „Aber wir sind doch in Belgien“, höre ich die Tischnachbarin zur Linken, angeblondet und aus Meerbusch bei Düsseldorf, vernehmlich laut und überdreht zischeln. Als ob ganz Belgien aus Pommes bestünde...

Wie die Dame und ihre Begleiter hierher in die Einsamkeit gefunden haben? Irgendwann hat ein Dekorationsmagazin aus dem fernen Hamburg eine Fotoreportage über Marc und sein flandrisches Weihnachtsmenü abgedruckt. Hochglanz und sehr edel. Seitdem kommen viele, allzu viele hierher und wollen etwas vom „Leben in Flandern“ erfahren: Lifestyle nennen sie das dann. Und fühlen sich ziemlich trendy. Manche holpern direkt in frisch geputzten Nobelkarossen durch die Schlaglöcher der schmalen Hofeinfahrt, steigen aus, strecken sich, schnuppern in den salzigen Wind der nahen Nordsee und halten alsbald die Ausgabe der Illustrierten unter dem Arm: Man liebt zu vergleichen, ob alles so stimmt. Reisende aus Deutschland halten es genau, ganz genau. So etwas unterscheidet allemal von belgischer lässiger Lebensart.

Marc, der Weitgereiste, nimmt das mit der ihm eigenen Gleichmut und Gelassenheit. Nur wenn sie fordernd anrufen aus Deutschland, irgendwoher aus den Großstädten, und seine weihnachtlichen Kuchen aus der Illustrierten ordern wollen - „Zustellung overnight“ - dann fallen auch mal eindeutige Worte. Marcs Menüs aus der Küche des Jahrhunderte alten Bauernhofs sind ein Synonym für Flanderns Ess- und Lebenskultur: Breughelsche Szenen kommen einem in den Kopf, van Dyck und Rubens. Pure Lust am Genuss, üppiges Mahl, schwerer roter Wein. Leben, so wie man es mag. Fernab des Wahnes von Well- und Fitness, Steppen und Stretchen.

Kein Wunder, dass an den Wochenenden Hunderte Genießer aus Deutschland über die kaum mehr wahrnehmbare belgische Grenze fahren. Für die Belgier hingegen gilt es nicht als schick, sondern als selbstverständlicher Tribut ans gute Leben, einzig und allein für die sinnlichen Freuden eines guten Mittagsmahls eine ganze Autostunde zum Beispiel von Brüssel nach Damme zu fahren. So etwas zeichnet aus, unterscheidet Belgien denn auch grundlegend von Deutschland: Wer nimmt sich denn schon die Zeit zu solch scheinbar ausschweifender Lebensart in mittäglicher Stunde zwischen zwölf und drei? In Germanien macht man das nicht, weil es sich nicht ziemt. Basta! Allenfalls noch im rheinisch-chaotischen Köln, wohl aus römisch-italienischer Verbundenheit.

Die Belgier sind im Grunde ihres Herzens Burgunder geblieben, lebensfrohe und allem Guten aufgeschlossene Erdenbewohner. Da wundert es kaum mehr, dass die Bibel aller Feinschmecker, der rote Guide Michelin, über diesen Landstrich mehr Sterne pro Kopf der Bevölkerung ausgestreut hat als irgendwo anders in Europa. „Die Belgier", beobachtete Restaurantkritiker Wolfram Siebeck, „die Belgier sind einfach leidenschaftliche Esser, die lieber mit vollen Backen als mit leerem Bauch durch Leben gehen. So hat sie schon Pieter Breughel gemalt."

Daran hat sich bis heute nichts geändert. Aus den großen Städten Flanderns fallen sie an sommerlichen Wochenenden und Feiertagen ein in das kleine Damme, auf halbem Weg zwischen Brügge und der Küste gelegen: Junge, selbstverliebte Pärchen ebenso wie Familienclans mit Kind und Kegel, Großeltern, Eltern und die Enkelkinder. Herausgeputzt im Sonntagsdress, kleine Mädchen hübsch anzuschauen in feinen Kleidchen. Genuss verbindet die Generationen.

Ein gutes Dutzend Restaurants tischt im Schatten des gotischen Dammer Rathauses aus dem Jahre 1464 groß auf, edles Silber, Damast, Kristall und Kerzenschein. „De Lieve" „Damsche Port", „Bij Lamme Goedzak", „Den Heerd" und „'t Edelsmidje" sind einige der klangvollen Namen. Im „Maerlant" kochen sie nun schon in dritter Generation. Serviert werden seit den fünfziger Jahren Aal mit grüner Sauce „Waterzooi", ein sahniger und zarter Hühnereintopf mit viel Sahne, überdies Kaninchen in Rotwein oder in Biersauce, Ardenner Schinken mit geschmortem Chicoree – alles eher deftig als fein. Dazu fließt das Bier, „blond" (hell), „bruin" (braun) oder „donker" (dunkel).

Wer nur einfach ein Pils bestellt in Flandern, der outet sich unmittelbar als Fremder. Denn so simpel ist das mit dem Bier in Belgien nicht - was wiederum Flamen, Wallonen und selbst die Deutschsprachige Gemeinschaft zu einen scheint. Immerhin sind etwa 500 Biere und 355 eingetragene Biermarken im Land bekannt. Ohne jeden Neid erkennt der deutsche Biertrinker Belgien diesbezüglich als weltweit führend an. Andererseits: Belgiens Brauer und das deutsche Reinheitsgebot, nach dem Bier nur aus Wasser, Gerste, Hopfen und Hefe zu bestehen hat – das sind zwei Welten. Stattdessen versetzen sie in Belgien die Biere mit so seltsamen Zusätzen wie Wacholderbeeren, Kirschen, Himbeeren, Meerrettich, Ingwer und Minze.

Bier trinkt man hier nicht gegen den Durst, sondern zum Genuss, mal mit süßer oder säuerlicher, mal mit herber Note. Prickelndes, leichtes Geuze kommt gar französischem Champagner nahe. Jede Biersorte wird in einem ganz speziellen Glas serviert, etwa die Klosterbiere in Kelchen. Was kommt dabei heraus? Prosaische Namen künden von den möglichen Konsequenzen allzu ausschweifenden Biergenusses. Der „Straffe Hendrik“ aus Brügge scheint da eher noch von der harmloseren Art, aber von der „Verbotenen Frucht“ kann man nippend naschen, final wird es beim „Delirium tremens“ oder dem „Mort Subite“, was auf Deutsch „plötzlicher Tod“ bedeutet. Da sage niemand mehr am Morgen danach, man habe ihn nicht zuvor eindringlich gewarnt...

Ein kleines Bier vorweg als Aperitif, so kann es einhergehen in Damme, „Belgiens gemütlicher Gourmetstube“, wie ein deutscher Journalist einmal treffend formulierte. Die allermeisten Köche verstehen sich darauf, raffinierte Menüs zuzubereiten. Feiner Atlantikfisch bestimmt die Speisenkarten, Hummer und Austern, Muscheln und Matjes. Eine Kostprobe der Hauptspeisen aus „De Lieve“: „Gratinierte Zeebrügger Garnelen in einem Bett von Poldertrüffeln“, oder „Gebratener St. Pierre in einer Kruste von Petersilienbrot“. Allerdings schwimmen die Schuppentiere heutzutage nicht mehr aus dem Dammerkanal in die Restaurantstuben, sondern werden vom Fischmarkt im zehn Kilometer nahen Zeebrügge herantransportiert, Garnelen und Austern, Petersfisch, Hummer und Barsch, Matjes und Muscheln. Ganz frisch, an guten Tagen sogar zwei Mal.

BSE-, Cola-, Dioxin-, Nitrofen-, Hormon- und der wer-weiss-schon-noch-wievielte Futtermittelskandal im kleinen Land zwischen Nordsee und Ardennen können an den Tafeln zu Flandern niemanden wirklich schocken. Genießer bewahren Haltung durch Gelassenheit. *Niet aantrekken*, mach dir nichts draus, so ist das Leben nun mal. Wo viel Licht ist, ist auch Schatten. Man weiß das, und man nimmt es hin. Fiese Vorkommnisse aus einer anderen Welt, wo betrügerische Mäster und Metzger zu Hause sind. Es sind Nachrichten, die kommen und vorübergehen. Und so gar nicht in die Gedanken genussfreudiger Lebenskünstler aus Brüssel, Brügge, Antwerpen und Gent hineinpassen wollen.

So leben sie gut und lassen es sich gut gehen im flandrischen Damme, von Mai bis in den September hinein. Erst an kühlen Oktobertagen wird es in dem Polderstädtchen ruhiger. Der Flecken mit den nur 750 Einwohnern gehört sich wieder selbst und kann dem unendlichen Traum einer großen Vergangenheit nachhängen. Im 12. und 13. Jahrhundert machten winzige Segelschiffe aus England, Norwegen und Schottland an den Dammer Kais fest. An Bord hatten sie Wolle und Felle, Holz und Heringe, Wein und Teer. Reges Leben und Treiben herrschte in den schmalen Gassen. Damme war der Vorhafen der bedeutenden Handelsmetropolen Brügge und Gent. Doch dieses „goldene Zeitalter" währte nur ganze hundert Jahre, dann versandete der Meeresarm „Het Zwin". Und Damme versank in die Bedeutungslosigkeit.

Gleich neben dem verschlafenen Winkel im weiten Polderland liegt Knokke, der elegante Nachbar, traditionsreiches Seebad der Belle Epoque, das seinen Reichtum wie bei einer Modenschau gerne unverhohlen zeigt. Und dazwischen Zeebrügge mit dem Hafen, wo heutzutage das große Geld gemacht wird. Größer können Kontraste auf wenigen Kilometern kaum sein.

Immer weiter fressen sich die breiten Hafenbecken und Verladekais, mattglänzende Schienenstränge und himmelstürmende Containerbrücken in das flache Land hinein. Wer nur alle paar Jahre als Urlauber oder auf einer Geschäftsreise von Brügge bis an die Küste kommt, erkennt den Landstrich nicht wieder, so einschneidend sind die Veränderungen. Nebenan harren die beiden winzigen Weiler Ramskapelle und Lissewege einer ungewissen Zukunft entgegen – wie lange werden sie noch existieren?

Zeebrügge ist „Boomtown“ und sichtbares Zeichen eines neuen Flandern, Brücke nach Großbritannien mit Betrieb rund um die Uhr, nächtlicher Maloche unter taghellem Flutlicht. Tausende chromglänzende Karossen aus den Automobilfabriken in Spanien und Portugal landen hier Monat für Monat an. Durchgangsstation auf dem Weg nach Deutschland. Dazu mengenweise Container, per Zug oder Lkw aus dem Hinterland zum Hafen gebracht, Waren aus Belgien und Deutschland zum schnellen Umschlag in alle Welt. Zeebrügge schaffte in wenigen Jahrzehnten den rasanten Aufstieg vom Fischernest bis in die Spitzenliga europäischer Hafenmetropolen. „Zeebrügge macht Appetit auf Meer“, ist denn auch die treffende Headline einer bunten Bilderbroschüre, die Feriengäste aus Deutschland zum Badeurlaub an die Küste locken will.

Nur ganze 76 Kilometer lang ist der Sandstreifen zur Nordsee hin. Nicht viel für den Hochsommer, wenn Tausende Urlauber an den Strand stürmen, noch mehr Belgier ein jedes Sommerwochenende sich auf die mühsame Fahrt über verstopfte Autobahnen in Richtung Küste machen, nur um ein paar Stunden selig im Sand zu liegen oder im Regen hin und her über den Deich zu spazieren. Statistiker wollen ausgerechnet haben, bis zu zwanzig Millionen Feriengäste könnten an Belgiens kurzer Küste auf einmal Urlaub machen. Jedenfalls rein theoretisch, gemessen an der Bettenzahl in Hotels, Pensionen, Appartementhäusern, Bungalowdörfern und zahllosen Campingplätzen. Nur acht Wochen dauert die Saison, von Anfang Juli bis Ende August. Highlife rund um die Uhr für Groß und Klein, Arm und Reich, Champagnerbrunch und nebenan Bratwurst vom Campinggrill. Alle dreizehn Seebäder ausgebucht, vom kostspieligen Knokke bis zum französisch geprägten De Panne.

Ach ja, das ist die einzig wahre Hochsaison für die „Fritten", wie Pommes hier ein wenig eleganter genannt werden, die kleine Mahlzeit zwischendurch. Überall an den breiten sandigen Stränden brutzeln sie in windschiefen Holz- oder Eternitbuden, in ausrangierten Reisebussen und Wohnwagen. Und doch würde sich kaum eine der nach belgischen Pommes schmachtenden Kundinnen von Marc auf den *Zeedijk* stellen, um einmal so richtig ungeniert die knusprigen Kartoffelstäbchen aus der Tüte zu futtern. Hier sind die Flamen unter sich. Genussvoll schwanken sie zwischen den Soßen, die alsbald als wohlig abgerundeter, bunter Klecks die Pommesportion zieren - Tartarsoße, Picklessoße, Knoblauchsoße, Currysoße und so viele andere mehr. Mindestens neunzehn verschiedene Soßen soll es geben.

Neunzehn Varianten für neunzehn Ferientage...

Dschungelblüten

Belgien und seine Künstler

Schon Hieronymus Bosch war ein Maler gegen den Mainstream. Überquellende Phantasie und ungezügelte Kreativität zeichnen auch heute noch die belgische Kunst aus. Warum Belgiens Künstler und jene, die einst im Gebiet des heutigen Belgien lebten, durch die Jahrhunderte hindurch relativ resistent waren gegen das Diktat des Kunstmarkts, das untersucht Claudia *Herstatt.*

So ein kleines Land, so viel Kunst. Und was für eine! Unangepasst, aufmüpfig, innovativ, richtungweisend – und das quer durch die Jahrhunderte hindurch. Jüngstes Beispiel: Bei der alle zwei Jahre stattfindenden Biennale in Venedig im Sommer 2001 verzichtete König Albert II. auf seinen traditionellen Besuch in der Lagunenstadt.

Der Antwerpener Maler Luc Tuymans, zweifacher Teilnehmer der weltweit wichtigsten Schau zeitgenössischer Kunst, der documenta IX und XI in Kassel, hatte es gewagt, mit seiner Präsentation „Mwana Kitoko - Beautyful White Man“ die postkoloniale Politik Belgiens im Kongo öffentlich in Frage zu stellen. Dabei war im nationalen belgischen Pavillon „nur“ eine Serie von Gemälden in subtil verblassten Farben der Erinnerung zu sehen: ein Portrait von König Baudouin in blendend weißer Uniform, das gefleckte Fell eines Leoparden hingestreckt als

Fußabtreter, dazu zwei dunkle Limousinen mit aufgeblendeten Scheinwerfern unter nächtlichen Bäumen, möglicherweise die Fahrzeuge, die Präsident Patrice Lumumba in den Urwald bringen sollte, wo er unter noch immer ungeklärten Umständen grausam umgebracht wurde.

Tuymans Werk, von der Kunstkritik hoch gelobt, war der Politik naturgemäß unbequem. Und Tuyman war nicht der erste Künstler, der in diesem Land weder politisch korrekt noch stilistisch angepasst wirkte. Schaut man zurück in der Kunstgeschichte, so gewinnt man den Eindruck, als ob Subversion und Tabubrüche in diesem Landstrich schon immer an der Tagesordnung waren – nicht nur für Künstler, aber auch.

Schon Flamen wie Pieter Brueghel, Hieronymus Bosch oder Peter Paul Rubens waren radikale Erneuerer künstlerischer Formen und Inhalte, ohne die viele Künstler späterer Generationen undenkbar wären.

Viele skurrile Persönlichkeiten finden sich darunter. Antoine Wiertz (1806-1865) gehört ohne Frage dazu. Davon zeugt sein Museum in der Rue Vautier 62 in Brüssel, inzwischen fast unauffindbar im Schatten der rundherum neu entstandenen Bauten europäischer Institutionen. Was sich heute vor der Kulisse der gigantischen EU-Maschinerie von außen so bescheiden ausnimmt, war zu seiner Zeit Aufsehen erregend, geradezu größenwahnsinnig – und stellt sich im Inneren auch heute noch so dar. Besessen von dem Wunsch, seinen Landsmann Peter Paul Rubens nicht nur an Qualität, sondern auch an Bildformaten zu übertreffen, überredete der Exzentriker

Wiertz die Stadt, ihm die riesigen Räume mietfrei als Atelier zu überlassen.

Im Gegenzug schenkte er Brüssel den Großteil seiner Werke. Mit der Schenkung war die Auflage verbunden, dass sie am Ort des Entstehens für immer in einem Museum zu sehen sein sollten. Auch das provozierende Selbstbewusstsein des Künstlers war für seine Epoche ein ungewöhnlich moderner Ansatz.

Die Zeit bescheinigt Wiertz posthum zwar, dass er sich im Kräftemessen mit der Genialität von Rubens klar überschätzt hat. Den Wettbewerb um die Größe der Bilder gewann er jedoch mit klarem Vorsprung, was schon einiges heißen will. Auch Rubens, erst kürzlich bei einer Sotheby's-Auktion in London durch den Verkauf des drittteuersten Gemäldes der Welt (45 Millionen Pfund) geadelt, war mit den Abmessungen seiner Bilder bekanntlich nicht kleinlich, wie man in den Museen und beispielsweise in der Kathedrale von Antwerpen nachprüfen kann.

Antoine Wiertz, Sohn eines Schneiders und einer Putzfrau, muss wohl ein ziemlich schräger Typ gewesen sein. Mit geradezu prophetischem Weitblick beschwor er 1862 mit einem Pamphlet die Stadt Brüssel als europäische Kapitale und verbannte Paris in die Belanglosigkeit – wohlgemerkt in einer Zeit, in der ein vereinigtes Europa noch völlig unvorstellbar war. „Bruxelles Capitale, Paris Province", betitelte er die nun im Zentrum der europäischen Macht verwahrte Skizze. Allerdings entsprang seine Sichtweise nicht nur visionärem Sehertum, sondern auch schlichtem Rachebedürfnis: In der französischen Hauptstadt wurde seine Kunst nur milde belächelt.

In seinen vorsymbolistisch und auch romantisch geprägten Bildern setzte Wiertz sich aber auch mit anderen, ungewöhnlichen Themen auseinander. So malte er eine Allegorie vom Hungertod durch Steuerlast oder einen wegen ärztlicher Fehldiagnose lebendig begrabenen Mann, der versucht, sich mit letzter Kraft aus seinem Sarg zu befreien. Obwohl Wiertz sich mehrere Mal in Rom und Paris aufgehalten hatte, betrachten Experten seine Inspirationen nicht als „importiert", denn Vergleichbares hatten die Absolventen der Akademien in Frankreich und Italien nicht zu bieten.

33 Jahre später wurde Félicien Rops geboren. Auch er lebte größtenteils in Paris, adaptierte dort den dekadenten Charme der Bourgeoisie, reiste nach Ungarn, Italien, Spanien, Skandinavien und in die Vereinigten Staaten von Amerika und blieb doch dort und vor allem daheim zunächst eine skandalöse Randfigur. Der begnadete Radierer produzierte so freche Blätter wie „Pornokratès": Es stellt eine lediglich mit überkniehohen schwarzen Strümpfen und Stöckelschuhen, Handschuhen und Hut bekleidete Dame dar, die ein angeleintes Schwein ausführt. Damit zog er Wut und Verachtung auf sich, die er durch seine Ansichten über seine Heimatstadt Namur konsequent konterte: Er hasste sie.

Fély l'infame, wie er genannt wurde, schrieb einst einem Freund: „Ich komme dich in Lüttich besuchen. Unter keinen Umständen gehe ich nach Namur, wo Generationen von Cousinen sich hinter den Gardinen verstecken, weil sie annehmen, dass ich mit dem Teufel im Bunde bin, und wo die Steine sich erheben, um mich zu steinigen." Auch sein

Ruhm kam spät. Daraufhin zollte Namur, die *ville sage*, die brave Stadt, ihrem zornigen Sohn schmollend ihren Tribut und richtete ihm 151 Jahre nach seiner Geburt, also 1984, ein eigenes Museum ein.

Ähnlich erging es dem Maler James Ensor (1860-1949). Auch seine Heimatstadt Ostende war zunächst nicht gerade stolz auf den schrillen Künstler, der in seinen Zeichnungen und Gemälden Masken tanzen und Skelette frösteln ließ. Seine Berufung zum Baron brachte ihm zwar Ehre und Anerkennung - aber da war die produktive Phase längst vorbei. Explosiv hatte sich über die frühen Jahre die Palette, ausgehend von dunklen, erdhaften Tönen, zu einer luziden, hellen Farbigkeit heraufgeschraubt. Bis auf eine kurze Episode an der Kunstakademie in Brüssel hatte Ensor immer nur in Ostende gelebt, sich im scheinbar beschränkten Radius der Wohnung im Elternhaus mit dem Souvenirgeschäft im Erdgeschoss einen malerischen Kosmos erschlossen.

Zu seinem 50. Todestag richtete das Königliche Museum der Schönen Künste in Brüssel Ensor eine umfangreiche Retrospektive ein, die das grandiose Werk Revue passieren ließ, wenn auch das vier Meter breite Schlüsselwerk „Der Einzug Christi in Brüssel im Jahre 1888“ fehlte. Belgien hatte sich rund ein Jahrhundert nach seiner Entstehung nicht die Mühe gemacht, die Leihgabe aus Privatbesitz dem Königlichen Museum für Schöne Künste in Antwerpen zu erhalten. Es wurde an das Getty-Museum im kalifornischen Malibu verkauft und hat dort seinen Platz seitdem nicht mehr verlassen.

Der belgische Mit-Initiator der 1948 im Verbund mit Künstlerkollegen in Kopenhagen, Brüssel und

Amsterdam gegründeten Malergruppe Cobra, Pierre Alechinsky, pries Ensor in seinem Katalogbeitrag 1999: „Er ist der große Maler des Sarkasmus, der grellen Farben und des glänzenden Lichtes. Der Phantasie an sich....“

Phantasie an sich, sie zeichnete nicht nur Wiertz, Rops, Ensor, Tuymans und Alechinsky aus. Da gibt es auch die schlafwandelnden nackten Mädchengestalten auf Bahnhöfen und zwischen antiken Säulen eines Paul Delvaux. Oder das geniale Gedankengebäude, aus dem René Magritte seinen Bilderschatz bezog und die Realität durch die gemalte Realität in immer noch irritierende Erlebnisstrudel von Sehen und Begreifen stürzt. Mit Schauen allein ist es da nicht getan. Die Bilder zu Ende denken muss der Betrachter selbst.

Und die geben viele Fragen auf: ob beispielsweise ein Spiegel das wiedergeben muss, was der Mensch sieht, wenn er in ihn hinein blickt? Es könnte möglicherweise etwas ganz Anderes sein. Ob es gleichzeitig Tag und Nacht sein kann? In Magrittes „Reich der Lichter“ glimmt noch die Straßenlaterne, wenn hoch über den düsteren Pappeln bereits weiße Wölkchen über das Bilderbuch-Himmelblau ziehen. Einer noch komplexeren und intellektuelleren Angehensweise entsprang die Gruppe von Gemälden, die sich mit den verbalen Begriffen und den damit verbundenen Vorstellungen beziehungsweise ihren Abbildungen auseinandersetzt. Bestes Beispiel, auch tausendfach als Poster, Postkarte und Mousepad zu „Ehren“ gekommen, ist das kleinformatige Bild mit dem Titel „Ceci n‘est pas une pipe“ („Dies ist keine Pfeife“). Des Rätsels Lösung liegt zwar auf der

Hand: Eine gemalte Pfeife kann man eben nicht stopfen und auch nicht rauchen. Und dennoch setzt auch dieses Bild aus dem Jahr 1928/29 heute noch Denkprozesse in Gang und gleichzeitig außer Gefecht – Denkprozesse, die über die reine Kunstbetrachtung hinaus in philosophische Überlegungen leiten.

Diese Art von Fallenstellertricks hat Marcel Broodthaers, 1924 in Brüssel geboren und in der Tradition von Magritte zu sehen, noch weiter getrieben. Auch er benutzte die Poesie der Begriffe, ging aber über die malerischen und filmischen Methoden der geistigen Vaterfigur Magritte hinaus. Als einer der Ersten führte er den Kunstbetrieb selbst als Zoo vor, als er 1974 in seiner inzwischen als legendär und prophetisch geltenden Ausstellung „Un Jardin d'hiver" („Wintergarten") im Brüsseler Palais des Beaux-Arts ein lebendes Kamel durch die Ausstellung führte.

Das war durchaus nicht als Gag gemeint. Broodthaers umkreiste mit seinen Objekten, Inszenierungen und Handlungen stets Fragen nach der künstlerischen Produktion, der Institution des Museums und der Domestizierung des Künstlers durch die bürgerliche Gesellschaft. Diese Fragestellungen des 1962 von seinem italienischen Künstlerkollegen Piero Manzoni zum „lebenden Kunstwerk" erklärten Broodthaers lassen sich inzwischen auch aktuell neu lesen. Ja, sie haben an Schärfe gewonnen: Ein jeder Künstler muss sich entscheiden, ob er sich vom allmächtigen Kunstmarkt vereinnahmen und korrumpieren lässt oder versucht, sich dem zu entziehen.

Auch wenn sich Poesie, Traum, Sarkasmus wie ein roter Faden durch die Werke der so unterschiedlichen Künstler ziehen, so lässt sich doch die Quelle der Inspiration weder auf einen Nenner bringen noch rational erklären. Ob es an den vielen Versuchen des jahrhundertelang besetzten Landes liegt, sich gegen die wechselnden Okkupatoren aufzulehnen? Oder umgekehrt: an den vielfältigen Einflüssen, die diese hinterlassen haben? Beides wird der Fall sein. Aber auch niederländische Prüderie, spanische Todesnähe, österreichischer Schmäh, französisches *savoir-vivre*, der Überschwang des italienischen Barocks – alle diese Einflüsse zusammen können nicht die zauberischen Flugobjekte eines Panamarenko erklären, nicht die aus grün schillernden Käfern einem Frauenkörper nachmodellierten Kleider, die mit Eigenblut geschrieben Briefe von Jan Fabre oder die real nachgestellten Situationen im Supermarkt oder im Anwerbecamp der Armee von Guillaume Bijl, die farbtrunkenen Reliefs eines Bram Bogart.

Man kann in den Generationen der holländisch-flämisch-belgischen Künstler vor- und zurückzappen: ob französisch oder niederländischsprachig aufgewachsen, aus einfachen oder großbürgerlichen Verhältnissen stammend, die Innovationskraft auf den nicht gerade vielen Quadratkilometern des kleinen Landes ist überquellend. Der großartige „Genter Altar" von Jan van Eyck, entstanden in der ersten Hälfte des 15. Jahrhunderts, die anmutigen und köstlichen Gemälde des Hauptmeisters der niederländischen Malerei, des in Brügge tätigen und dort 1494 dort gestorbene Hans Memling, sie gehören ebenso dazu wie die Filme der 1950 in Brüssel geborenen Chantal Akerman, die die Videokamera so einsetzt wie ihre Vorgänger Farbe und Pinsel. Dann gibt es noch den 1965 geborenen Wim Delvoye, der mit blau-weißen Delfter Motiven bemalte metallene Sägescheiben in antike Schränke stellt und in Indonesien einen riesigen Betonmischer in Originalgröße mit landestypischen Ornamenten schnitzen lässt. Oder die konträren, streng-mystischen Skulpturen des „Weltverbesserers“ Thierry de Cordier, der antropomorphe schwarze Hügel baut und wie eine Gartenlandschaft hegt oder auch mal ein metallenes Refugium in das Geäst eines Baumes hängt.

So wie die belgische Kunst überhaupt etwas von Dschungelblüten hat – sie ist von überwältigendem Reichtum, skurril, subtil, manchmal bösartig, manchmal himmlisch. Bleibt die ungelöste Frage, welche Triebfedern und Quellen der Inspiration die Produktion immer wieder in Gang gesetzt haben. Die Kunsthistoriker und -liebhaber können darüber nur froh und dankbar sein dafür, ergründen werden sie die Frage sicher nicht – vielleicht sollte man da mal einen Soziologen in die Tiefe schürfen lassen.

Die versteckten Kinder

Belgiens Widerstand gegen den Nationalsozialismus

Nur wenige Menschen wissen, dass in keinem anderen von den den Deutschen besetzten Land während des Zweiten Weltkriegs so viele Juden versteckt und gerettet wurden wie in Belgien. So wurden auch rund viertausend jüdische Kinder unter falscher Identität von belgischen Familien aufgenommen, bis der Naziterror vorbei war. Marion Schreiber *sprach mit Zeitzeugen.*

Aus Südafrika, Brasilien, Argentinien, Kanada, Frankreich, Israel, England, Italien und Belgien waren sie angereist. 1 600 jüdische Frauen und Männer kamen 1991 an einem Wochenende im Mai im New Yorker Marriot Hotel zusammen. Sie kannten sich nicht. Und sie kamen aus den unterschiedlichsten gesellschaftlichen, beruflichen und religiösen Milieus, unter ihnen waren Laizisten, Zionisten und Orthodoxe. Und doch einte diese Frauen und Männer eine Erfahrung, die ihr Leben wie kein anderes Erlebnis geprägt und geformt hat: Sie alle haben als Kinder den Holocaust in den von den Deutschen okkupierten Ländern im Versteck und unter falscher Identität überlebt.

Bei diesem ersten internationalen Treffen der „versteckten Kinder", der *enfants cachés*, der *hidden children* in New York, 46 Jahre nach dem Ende des Naziterrors, entdeckten diese Menschen, viele von ihnen inzwischen Großeltern, dass sie mit ihrem Kindheitstrauma nicht allein waren. Für Sophie Rechtmann aus Belgien, die als kleines Mädchen unter falschem Namen bei einem Brüsseler Ehepaar als deren angebliche Nichte überlebte, bedeutete dieses Treffen „das Ende der großen Stille, des Verdrängens." Wie viele der versteckten Kinder hatte sie bis dahin nicht gewagt, über diese Zeit zu sprechen, über die Trennung von ihren Eltern, die ständige Angst, sich zu verraten. Nun endlich konnten sie reden. Und sie stellten fest, wie viele ihresgleichen gerade in Belgien dank der Hilfe der Belgier vor dem sicheren Tod bewahrt wurden.

Auch der Brüsseler Geschäftsmann David Inowlocki war mit seiner Schwester Sara Frydmann-Inowlocki aus Brüssel nach New York gekommen. Jeder Teilnehmer trug, wie es sich bei einem großen internationalen Kongress gehört, ein Namensschild. Doch anders als sonst üblich war jedem Namen ein weiterer beigefügt. Die Geschwister Inowlocki hießen auf ihrem Schild Daniel und Lucienne Merckx, unauffällige belgische Namen, die sie damals vor der Verfolgung durch die SS schützen sollten. Sara war vierzehn Jahre alt, als sie die Befreiung Belgiens in einer Lütticher Bergarbeiterfamilie erlebte, die sie wie ihre eigenen Tochter aufgenommen hatte. Für ihren jüngeren Bruder David ging mit dem Kriegsende eine vergleichsweise unbeschwerte Zeit in dem katholischen Internat in Jamoigne zu Ende, wo er Kirchen- und Pfadfinderlieder, den Rosenkranz beten und Pfadfinderknoten knüpfen gelernt hatte. Hier in New York rechnete er nicht damit, Ehemalige aus dem Heim zu treffen. Er glaubt, einer von allenfalls einer Hand voll jüdischer Kinder in dem katholischen Internat gewesen zu sein. Doch schon bei seiner Ankunft in der Lobby stürzt ein alter Freund auf ihn zu, André Baillé. Hier in der Lobby des Marriot Hotels entdecken sie, dass sie beide unter falscher Identität in Jamoigne versteckt waren. 87 jüdische Jungen, so sollte David Inowlocki später herausfinden, waren dank der mutigen Direktorin und der Lehrer des Internats vor der Deportation in den Tod bewahrt worden.

Höhepunkt dieses denkwürdigen Treffens in New York ist dann das Abschiedsdinner im großen Saal des Hotels für die 1 600 Teilnehmer. Am Tisch von David Inowlocki sitzt der belgische UN-Botschafter. Eine der Organisatorinnen dieser Zusammenkunft tritt ans Mikrofon und bittet, all diejenigen Gäste aufzustehen, die in einem der genannten Länder im Versteck überlebt haben. Polen wird aufgerufen, die Schweiz, die Niederlande, Frankreich, Österreich, und schließlich Belgien. Mehr als die Hälfte der Anwesenden, die aus aller Welt zu diesem Treffen gekommen sind, erheben sich von den Stühlen. Der Applaus ist überwältigend. Vielen treten die Tränen in die Augen. Der belgische Botschafter sagt: „Das ist ja unglaublich." Und David Inowlocki wendet sich zu ihm und erklärt: „Dit is België. C'est la Belgique."

„Sie haben uns die Hand gereicht, ohne uns zu kennen," schreibt die seit 1969 in Israel lebende Claire Prowizur in ihrer Lebensgeschichte. Wie viele der beim Einmarsch der Deutschen im Mai 1940 in Belgien lebenden Juden war sie mit ihrer Familie nach Belgien eingewandert. Die größte Emigrantenwelle erreichte Belgien in den zwanziger Jahren. Diese Zuwanderer aus Ost- und Mitteleuropa flohen vor wirtschaftlicher Not und sozialer Ächtung. Der zweite große Zustrom von Juden erreichte das kleine Land ab 1935 aus Deutschland und Österreich. Anfangs flüchteten die Juden vor den Schikanen der nationalsozialistischen Rassenpolitik, später dann, um ihr Leben zu retten.

In einem internen Bericht des Sicherheitsdienstes kritisieren die Nazis die „wohlwollende" Haltung der belgischen Regierung gegenüber den Emigranten und Flüchtlingen. Vergeblich versuchen sie, dem unwissenden Volk beizubringen, um welch eine minderwertige und gefährliche Rasse es sich bei den Juden handelte. Doch ihre Propaganda fiel in Deutschlands Nachbarland nicht auf fruchtbaren Boden. Als die Besatzer im Sommer 1942 mit der Verfolgung und der Deportation der Juden beginnen, müssen sie feststellen, dass die Verfolgten mit Hilfe der Belgier untertauchen. Am 24. September berichtet der Leiter der Brüsseler „Dienststelle des Auswärtigen Amtes" an das Auswärtige Amt in Berlin: „Viele der in Frage kommenden Juden haben ihre Wohnungen verlassen und versuchen, bei arischen Belgiern ein Unterkommen zu finden. Diese Bemühungen werden von einem beträchtlichen Teil der belgischen Bevölkerung unterstützt. Weitere Schwierigkeiten ergeben sich aus der Tatsache, dass sehr viele Juden im Besitze falscher belgischer Identitätskarten sind..."

Obwohl damals kaum einer ahnen konnte, welches grauenhafte Schicksal die Deportierten erwartete, öffneten viele Belgier den Juden ihre Wohnungen, verbargen sie in Hinterzimmern und Mansarden. In allen Rathäusern und Gemeindeverwaltungen fanden sich Beamte, die unter der Hand für untergetauchte Juden zusätzliche Lebensmittelkarten ausstellten. Es gab städtische Angestellte, die der Résistance Blankoformulare zukommen ließen, in die nur noch der falsche Name eingetragen und das richtige Passfoto eingeklebt werden mussten. Und es gab Briefträger, die an die Gestapo und an die Feldkommandanturen gerichtete Briefe abfingen, wenn sie vermuteten, dass es sich um eine Denunziation handeln könnte. Sie öffneten die Briefe, warnten die Angezeigten und stellten das Schreiben erst mit zweitägiger Verspätung zu, um den Betroffenen Zeit zum Untertauschen zu geben. „Amt gegen den Defätismus und die Denunziation", kurz „Service D", so nannten sich die Mitglieder dieser Gruppe, die wahrscheinlich fünftausend Menschen vor der Auslieferung an die deutsche Besatzungspolizei bewahrte.

„Grüßt sie im Vorbeigehen! Bietet ihnen euren Platz in der Straßenbahn an! Protestiert gegen die barbarischen Maßnahmen, die man gegen sie anwendet. Das wird die *boches* wütend machen!" So forderte in einem flammenden Appell am 1. August 1942, als im Sammellager Mechelen die Vorbereitungen für die Abfahrt des ersten Deportationszugs nach Auschwitz auf Hochtouren liefen, die patriotische Untergrundzeitung „La Libre Belgique" ihre Landsleute auf, den Juden demonstrativ ihre Sympathie zu zeigen.

Wenn bei den nächtlichen Razzien die deutschen Polizisten an die Tür klopften und unten auf der

Straße die Lastwagen mit den laufenden Motoren warteten, dann schoss den Eltern oft als Erstes durch den Kopf: Wie schütze ich meine Kinder? Manchmal gelang es ihnen, ihren kleinen Sohn oder ihre Tochter zu verstecken, die dann am nächsten Tag laut weinend von den Nachbarn entdeckt wurden. Mütter und Väter, die von der Gestapo auf der Straße festgenommen wurden, verschwiegen beim Verhör in der SS-Zentrale, dass daheim ihre Kinder vergeblich auf sie warteten. Sie vertrauten darauf, dass ihre Kleinen von Nachbarn und Freunden versorgt würden. Es gab auch Eltern, die, weil sie das Schlimmste befürchteten, sich freiwillig von ihren Kindern trennten. Das „Comitée de Défense des Juifs", eine Widerstandsorganisation, die den verfolgten Juden im besetzten Belgien zu überleben half, hatte eine Abteilung „Enfance" aufgebaut, die diese Kinder dann in Familien, Heimen oder Internaten unterbrachte.

Dies war die Aufgabe mutiger junger Frauen, Jüdinnen und Nicht-Jüdinnen, die übers Land fuhren, um bei Priestern, Bauern, Internatsleitern, Klostervorstehern und Äbtissinen, bei Wohlfahrtsorganisationen, Gewerkschaftsgruppen und wohltätigen Aristrokraten Quartiere für die ihnen anvertrauten kleinen Schützlinge zu suchen. Yvonne Jospa hatte ihr dunkles Haar blondiert und reiste mit einem gefälschten Ausweis. Bei der Suche nach Verstecken nutzte die junge Soziologin ihre Kontakte zu den unterschiedlichsten Sozialeinrichtungen. Niemals kehrte sie mit leeren Händen nach Brüssel zurück.

Die junge Grundschullehrerin Andrée Geulen, als Belgierin aus bürgerlichem Haus zunächst einmal unverdächtig, hatte die schwere Aufgabe übernommen, die Kinder bei ihren Eltern abzuholen. Herzzerreißende Szenen spielten sich vor ihren Augen ab. Einige Mütter brachten es nicht über sich, ihre Tochter oder ihren Sohn mit dieser fremden Frau ziehen zu lassen. Der Abschied wurde ihnen noch schwerer gemacht, weil sie aus Sicherheitsgründen die künftige Adresse ihrer Kinder nicht kennen durften. Besuche oder Briefe würden die Versteckten und ihre belgischen Beschützer verraten.

Bereits auf dem Weg zur neuen Bleibe, einer Familie auf dem Lande, einem Heim oder Kloster, trichterte Andrée, die mit ihren hellen Haaren und dem fröhlichen Wesen einigen ihrer Schützlinge wie eine Märchenprinzessin vorkam, den Kindern ein, dass sie von nun an einen anderen Namen hatten. Aus Sara Inowlocki wurde Lucienne Merckx und aus ihrem jüngeren Bruder wurde David wurde Daniel. Viertausend Kinder wurden so in Belgien vor dem sicheren Tod gerettet. In keinem anderen von den Deutschen besetzten Land war der Anteil der überlebenden Kinder an der jüdischen Bevölkerung so groß. Vielleicht hätte ja Anne Frank in Belgien überlebt.

Die Geschichten aus jener Zeit, die Yvonne Jospa, die bis zu ihrem Tod im Jahr 2001 für die Menschenrechte kämpfte, zu erzählen wusste, klingen unglaublich.

„Die Nazis organisierten im Sommer, eine Kinderlandverschickung. *Aide paysanne aux enfants des villes* hieß das damals. Sie wollten sich damit bei der Bevölkerung beliebt machen. Der Provinzsekretär in Namur half dem jüdischen Verteidigungskomitee bei seinem Vorhaben, zwischen die etwa fünfhundert Brüsseler Kinder, die ihre Sommerferien bei Bauern auf dem Land verbringen durften, hundertfünfzig jüdische Jungen und Mädchen zu schmuggeln. Am frühen Morgen des ersten Ferientages sollten die Kinder unter Fanfarenklängen am Brüsseler Luxemburg-Bahnhof verabschiedet werden. Die Presse war eingeladen. Ich machte mich rechtzeitig mit der Straßenbahn auf den Weg zum Bahnhof. Da fiel es mir siedend heiß ein: Wenn auch die jüdischen Eltern ihre Kinder zum Bahnhof begleiten dann würden sie von den Nazis als Juden identifiziert und womöglich verhaftet werden. Das ganze Projekt wäre gefährdet. Ich musste so schnell wie möglich zum Bahnhof, um die jüdischen Eltern zu warnen. Ich näherte mich von hinten dem Straßenbahnchauffeur, bat ihn, sich nicht umzudrehen und flüsterte: ‚Es stehen viele Menschenleben auf dem Spiel, bitte, bitte, fahren sie so schnell wie möglich.' Tatsächlich legte der Fahrer an Tempo zu und fuhr, ohne anzuhalten, an mehreren Haltestellen vorbei. Ich kam gerade rechtzeitig, um die Eltern aufzufordern, von ihren Kindern wegzugehen. Als die Sommerferien auf dem Land beendet waren, kehrten die belgischen Schüler nach Brüssel zurück. Für die jüdischen Kinder hätte die Heimkehr zu ihren Eltern die Deportation bedeutet. Ich reiste zu den Bauern, um sie zu bitten, ihre Feriengäste noch länger zu beherbergen. Keiner hat mir diese Bitte abgeschlagen."

Sicherlich, es gab auch Verrat und Denunziation. Neid und Habgier waren die ergiebigsten Helfer der SS-Polizei. Aus Missgunst oder weil sie mit einem Kopfgeld rechneten, lieferten Nachbarn und Mitwisser die versteckten Juden ans Messer. Doch für die Mehrheit der Belgier, die binnen eines Vierteljahrhunderts zum zweiten Mal von der deutschen Wehrmacht überfallen wurden, war es ein Akt des Widerstandes, den von den Deutschen Verfemten und Verfolgten zu helfen. Dieses Volk, das Jahrhunderte lang unter wechselnden Besatzern gelernt hatte, sich wegzuducken, abzutauchen, sich im stillen Ungehorsam gegenüber den fremden Autoritäten zu üben, hat anders als die Vielzahl schrecklich gehorsamer Deutscher in den Zeiten der Inhumanität nicht seine Menschlichkeit vergessen. Die Hilfsbereitschaft der Bevölkerung jenen zugewanderten Fremden gegenüber ist bei den Betroffenen unvergessen. Doch ins öffentliche Bewusstsein hat sich dieses beispielhafte Verhalten nicht eingegraben. Im Ausland ist von diesem stillen Heldentum so gut wie nichts bekannt.

Im Unterschied zu den Niederländern, die es verstanden, sich das Image einer Nation von Widerständlern zuzulegen, übten sich die Belgier in Bescheidenheit. 200 000 Belgier wurden nach dem Krieg als aktive Mitglieder der Résistance anerkannt. Unzählige trugen dazu bei, dass in dem kleinen Land die Überlebenschancen der von den Nazis Gejagten relativ hoch waren. Immerhin entkamen 54 Prozent, etwa 30 000 der 56 000 in Belgien registrierten Juden dem Holocaust. In Holland waren es nur zwölf Prozent. *L'honneur des belges.*

Blut, Schweiß und Speichen

Radfahrernation Belgien

Belgien gehört zu den führenden Radsportnationen der Welt. Der Ruhm der belgischen Radfahrer begann mit den „Flandriens", einfachen Bauernsöhnen aus Westflandern, die Anfang des 20. Jahrhunderts auf ihren klobigen Rennmaschinen Wind, Regen und Pflastersteinen trotzten, um sich ein kleine Siegerprämien und großen Ruhm zu erradeln. Walter Rottiers *erzählt ihre Geschichte.*

„Opgelet, de renners zijn in aantocht!", dröhnt die Lautsprecherstimme durch die Straßen des Dörfchens Perk bei Brüssel. Wie auf Kommando stürmen rund sechzig Herren mittleren Alters aus der Dorfkneipe, drängeln sich an den Straßenrand und recken die Hälse. Die Stimme kommt aus einem Auto, das über das Kopfsteinpflaster holpert. Im Gefolge ein Pulk von Rennfahrern, Reifen an Reifen auf der wilden Jagd nach Preisen und Prämien. Dort prustet einer durch die Nase, da greift einer zur Trinkflasche, der Geruch von Schweiß und von Massageöl auf strammen Radlerwaden mischt sich für einen Augenblick mit dem Bier- und Nikotindunst der Zuschauer – dann ist der Spuk vorbei. Die Zuschauer stürmen in die Kneipe zurück, schließen neue Wetten ab, wer das Kirmesrennen in diesem Jahr gewinnen

wird, stürzen eilig ein Bier hinunter und in genau zwanzig Minuten geht alles wieder von vorne los.

Eine Szene, wie sie sich nur im kleinen Belgien abspielen kann und die mehr über die große Radsportnation erzählt als viele Rennberichte. Nicht viel anders als die heutigen Kirmesrennen verliefen die Wettkämpfe, bei denen es die „Flandriens" vor knapp hundert Jahren zu erstem Ruhm brachten. Es waren Kerle mit Muskeln wie Drahtseile, mit Dynamit in den Waden und versehen mit dem unbezwingbaren Willen, im Alleingang förmlich die Welt zu erobern. Mutig wie die Löwen, tapfer wie die Gallier und kämpferisch wie Gladiatoren scheuten sie weder Regen noch Wind und Kälte, um bei den ultraschweren Eintagesklassikern und kräftezehrenden Rundfahrten die geballten Konkurrenz das Fürchten zu lernen, und das auf prähistorischen Pfaden, wie sie heute nur noch beim Höllenklassiker Paris-Roubaix zu bestaunen sind.

In jenen frühen Jahren des belgischen Radsports spielte der Teamgeist nur eine untergeordnete Rolle. Denn der typische „Flandrien" war ein Individualist von Kopf bis Fuß. Mehr noch, er war einer, der sein Fahrrad vergötterte wie ein Liebste und, um es richtig in den Griff zu bekommen, sich vor dem Start mit einem rohen Pferdesteak stärkte. Die Flandrien kannte weder Schmerz noch Selbstmitleid.

Sie waren raue Naturburschen, die sich neben der harten Schufterei auf den elterlichen Bauernhöfen im armen Westflandern zusätzlich als Saisonarbeiter in Nordfrankreich verdingten, um so für den Lebensunterhalt ihrer Familien zu sorgen. Aber als um 1890 das Fahrrad als Sportgerät dem Fußball Konkurrenz zu machen begann, entdeckten auch die flämischen Bauernsöhne den Radsport als kleine Einnahmequelle. Denn in jener Zeit der wirtschaftlichen Rezession, in der elektrisches Licht und ein warmes Bad Luxus waren, gab es kaum eine anderer Möglichkeit, ein paar Franken hinzuzuverdienen. Es sei denn, man wanderte nach Übersee aus.

Auf einen Schlag meldeten sich Hunderte mehr oder weniger talentierte junge Männer, um bei ländlichen Rennen um die Wette zu kurbeln. Sie operierten als Einzelkämpfer vom Hinterhof oder der Waschküche aus und wurden nur von ihren Familien unterstützt. Zunächst sausten sie rund um den Kirchturm, später von Stadt zu Stadt und bald auch auf den Winterbahnen bei Sechstagerennen in ganz Europa, ja in den Millionenmetropolen der Vereinigten Staaten. Vor allem in der Neuen Welt entdeckten findige Veranstaltungsmanager den besonderen Reiz dieser aktionsgeladenen Rennen aus *good old Europe*. Der Radsport wurde bald eine der Sportarten, bei denen Profis gutes Geld verdienen konnten. Die Berühmtesten unter ihnen wurden gefeiert wie heute Filmstars oder Popmusiker.

Einer der ersten Champions des belgischen Radsports, der von den Sportfachleuten mit dem Ehrentitel „Flandrien“ ausgezeichnet wurde, war Cyrille Van Hauwaert aus Moorslede, einem Dorf zwischen Roeselare und Ypern. Der „Löwe von Flandern“, wie er auch respektvoll genannt wurde, vollbrachte etwas Einmaliges: Er schaffte das schier unglaubliche Kunststück, zwischen 1907 und 1909 als Einzelfahrer drei mörderische Rennen zu gewinnen: Bordeaux-Paris, Mailand-San Remo und Paris-

Roubaix. Vergessen wir nicht, dass zu jener Zeit allein die Anfahrt nach Mailand ebenso beschwerlich war wie heute eine Busreise nach Anatolien. Nach der Rückkehr in die Heimat wurde der tollkühne Belgier frenetisch als Nationalheld gefeiert. Angespornt durch Van Hauwaerts überirdischen Leistungen, erhöhte sich die Zahl der Radsportler in Belgien schlagartig von knapp hundert auf mehr als viertausend. Und auch die Zahl der Radrennbahnen verachtfachte sich in nur wenigen Jahren von sechs auf knapp fünfzig.

Nach dem Ende seiner Radsportkarriere eröffnete Cyrille Van Hauwaert eine Fahrradfabrik für edle Velos, Marke „Van Hauwaert". Gleichzeitig engagierte er sich als gewichtiger Funktionär beim belgischen Radsportverband. 1950 gelang es ihm, die Radweltmeisterschaft in sein geliebtes Heimatdorf Moorslede zu holen (Sieger und damit Weltmeister wurde sein Landsmann Briek Schotte). Auch wurde Van Hauwaert von den Königen Leopold II. Albert I., Leopold III. und Baudouin I. in Audienz empfangen.

Ein weiterer bekannter belgischer Radsportler, der zur urigen Gattung der „Flandriens" gehörte, war Sylveer Maes. Nach einer extraordinären Leistung bei der Tour de France im Sommer 1936, wo er am Col du Tourmalet dem französischen Topfavoriten Roger Lapébie eine herbe Niederlage verpasste und wenig später in Paris auch den Gesamtsieg errang, eröffnete er im küstennahen Dorf Gistel eine majestätisch gelegene Brasserie. *Lepe peer* oder „schlaue Birne", wie der clevere Sylveer Maes auch genannt wurde, nannte sie in Erinnerung an seinen Triumph

„Tourmalet". Als ein Jahr später der Meistertaktiker drauf und dran war, die Tour durch Frankreich ein weiteres Mal zu erobern, bremsten ihn Reibereien zwischen der belgischen und französischen Equipe. Folge: Nach einem heftigen Streit mit der Rennleitung zogen sich die enttäuschten Belgier *en bloc* vom weiteren Verlauf des Rennens zurück. Dennoch gelang es Sylveer Maes 1939, seinen phänomenalen Erfolg von 1936 zu wiederholen: Er ging mit mehr als einer halben Stunde vor dem französischen Topfavoriten René Vietto, genannt *„le roi René"*, durchs Ziel. Der Pariser Prinzenpark stand Kopf und die belgischen Radsportfans feierten im „Tourmalet" ein weiteres Mal bis zum Umfallen diesen Mega-Erfolg.

Sylveer Maes' Popularität war von nun an nicht mehr zu toppen. Der bald im ganzen Land bekannte Gasthof entwickelte sich im Nu zu einer nationalen Kultstätte. Eine nie endende Kolonne von Reisebussen und Autos, darunter nicht wenige aus Frankreich, machte auf der Fahrt zur Nordseeküste einen Abstecher nach Gistel, um dem Tour-Helden einmal leibhaftig zu begegnen. Das Verkehrsaufkommen an den Abzweigungen der Straßen nach Torhout, Ostende und Diksmuide war zu jener Zeit häufig so chaotisch, dass die Polizei Sonderschichten einlegen musste, um Ruhe und Ordnung zu schaffen. Schlimmer noch, alles was im „Tourmalet" nicht festgeschraubt, -geklebt und -genagelt war, wurde von den Fans von Sylveer Maes kurzerhand als Souvenir mit nach Hause genommen. Maes schaffte in dieser Periode obendrein das Kunststück, sein Leben als Profirennsportler mit dem seinem Job als Kneipenwirt zu kombinieren. Doch leider unterbrach der Zweite Weltkrieg seine Rennkarriere. Wenige Jahre später übernahm der berühmte „Flandrien“ jedoch die Leitung der belgische Nationalmannschaft bei der Tour de France. Siege blieben den Rennern von Maes versagt, obwohl Stan Ockers, Jean Brankart und Marcel Janssens es zwischen 1950 und 1957 zusammen vier Mal zu einem zweiten Platz brachten. Böse Zungen behaupten sogar, dass Maes die Niederlagen nicht ganz ungelegen kamen. Denn solange kein Landsmann Paris als Sieger erreichte, blieb er der einsame Superstar der belgischen Radsportszene. 1966 starb Sylveer Maes, viel zu früh für seine große Fangemeinde. Der Kettenraucher war nur 57 Jahre alt geworden.

Von einem ganz andere Feingehalt war Albéric „Briek“ Schotte. Für viele gilt der 1919 in Kanegem geborene Schotte als der allerletzte „Flandrien“ authentischer Prägung. Der verwegene Fahrstil des zweimaligen Weltmeisters von 1948 und 1950 zeigte kaum harmonische Züge. Eine weitere Besonderheit dieses Arbeiters unter den Rad-Champions war, dass er überdies weder die Endschnelligkeit eines Rik Van Steenbergen besaß noch ein exzellenter Kletterer wie Sylveer Maes oder begnadeter Zeitfahrer à la Fausto Coppi war, sondern vor allem wegen seines Kampfesmuts zu den Besten seiner Generation zählte. Seine Vorliebe galt der Knochenarbeit bei der Flandern-Rundfahrt, die er dann am liebsten bei rauen Wetterverhältnissen durchlitt. Briek Schotte, wegen seiner unglaublichen Zähigkeit auch *Ijzeren Briek*, „eiserner Briek“, genannt, nahm zwanzig Mal an dem wagemutigen Ritt durch die westflandrische Hügel- und Senkenlandschaft teil. Davon erklomm er nicht weniger als acht Mal das Siegerpodest, darunter 1942 und 1948 als überzeugender Erster. Heute ist Schotte 93 Jahre alt und noch immer putzmunter. Blickt man in sein von unzähligen Falten zerklüftetes Gesicht, glaubt man, ein ganzes Buch voller spannender Geschichten zu entdecken.

Und er hat viele solcher Geschichten zu erzählen. „Zu meiner Zeit war es verdammt schwer, einen Klassiker wie die Flandern-Rundfahrt zu gewinnen“, berichtet er. „Schon die Straßenverhältnisse waren der reine Horror. Weil in den vierziger Jahren Pflastersteinen Mangelware waren, legten die Straßenbauer sie extra weit auseinander. Das Gerüttel auf den Kopfsteinpassagen nahm kein Ende. Trotzdem erzielten wir gegen Schluss einen Rennschnitt von 38 Stundenkilometern. Ich nahm nicht des Geldes, sondern der Ehre wegen an den Rennen teil. Als ich mit zweiundzwanzig zum ersten Mal die Flandern-Rundfahrt gewann, bekam ich als Siegesprämie sechstausend Franken. Für mich eine riesige Summe. Aber wenig später erzählte mir ein Fan, dass er mit Schmuggeln das Vielfache verdienen würde. Als Beweis zündete er sich mit einem Tausend-Franken-Schein eine Zigarette an... So verblüfft war ich noch selten in meinem Leben.“ Ein ähnlich schweres Rennen war Paris-Brüssel. Als es nach dem Zweiten Weltkrieg erstmals wieder ausgetragen wurde, betrug die Renndistanz zwischen den beiden Hauptstädten noch 330 und nicht, wie heute, 210 Kilometer. „In der Gegend von Valenciennes passierten wir eine von Panzern total umgepflügte Betonpiste. Es hagelte kaputte Reifen. Ich hatte gleich zwei. Links und rechts des Parcours waren mehr als hundert Fahrer am Flicken. Damals gab es noch keine Begleitfahrzeuge wie heute, auch keine neutrale Pannenhilfe. Da sagte ich mir, Briek, das war´s wohl. Ich wollte noch, so gut es ging, bis kurz über die Grenze nach Mons kurbeln, um von dort aus mit dem Zug nach Brüssel zu fahren, wo meine Klamotten deponiert waren. Als ich aber nach zwanzig Kilometern die ersten Gruppen überholte, lief es plötzlich immer besser. Ich habe mit großem Vorsprung gewonnen. Es war das beste Rennen meiner Karriere."

Schottes großes Vorbild war der fünf Jahre jüngere Rik Van Steenbergen, der bereits mit 18 Jahren belgischer Profimeister wurde. Er war von Anfang an eine absolute Ausnahmerscheinung. Mehr noch, Van Steenbergen war der erste Vollprofi Belgiens. „Er war uns in jeder Hinsicht, ob es sich nun um Trainingsmethoden, Ernährung, Taktik oder die Verhandlungen über die Rennverträge handelte, weit voraus."

Dank Van Steenbergens immensen Erfolgen und seiner Ausstrahlung erfuhr der Radsport in Belgien bis weit in die sechziger Jahre hinein eine ungeahnte Blüte. Auch Van Steenbergen lebt noch, und Schotte und er sind gute Freunde.

Seit April 1996 ziert ein wunderbares Kunstwerk den Marktplatz von Kanegem. Die lebensgroße Skulptur zeigt in außergewöhnlich gelungener Weise einen gegen Wind und Wetter mächtig kämpfenden Briek Schotte. Seinen Rennern Denkmäler zu setzen, das hat jedoch im radsportverrückten Belgien Tradition. So wurden während der Weltausstellung von 1958 in Brüssel in einem der belgischen Pavillons die Rennmaschinen der beiden Weltmeister Stan Ockers (1955) und Rik Van Steenbergen (1949, 1956 und 1957) gezeigt. Zwar gehörten die beiden, da aus der Provinz Antwerpen stammend, nicht zu den reinrassigen „Flandriens“. Nichtsdestotrotz haben sie dazu beigetragen, dass Belgien zu jener Zeit viel Sympathie entgegen gebracht wurde. Der Kontrast zum bombastischen Pavillon der damaligen Sowjetunion konnte dann auch nicht viel größer sein. Hier das harmlose Arbeitsgerät von zwei wagemutigen Radrennfahrern, bestehend aus einem antiquierten Stahlrahmen, verbunden mit zwei gespeichten Rädern, dazu ein seltsam verbogener Lenker sowie eine komische Kurbel mit öliger Kette; dort die Demonstration des ehrgeizigen Sputnikprogramms, das der Welt die Überlegenheit einer Weltmacht auf dem Weg ins All demonstrieren sollte. Gebracht hat den Russen der Aufwand letztendlich wenig: Die „flämischen Löwen“ auf ihren geliebten Rädern gibt‘s noch immer, das kommunistische System hat die Geschichte bekanntlich nicht überlebt.

In den fünfziger Jahren wohnte ich im Dörfchen Elewijt drei Kilometer von Perk entfernt. Unser frisch geweihter Kaplan suchte nach einem Mittel, um während der Passionszeit die angehenden Kommunikanten täglich in die Frühmesse zu locken. Er hatte die glorreiche Idee, die immense Popularität des Radsports zu nutzen und jedem der Knaben den Namen eines berühmten Rennfahrers zu geben.

Dem Schüler, der sechs volle Wochen zur Frühmesse erschien, winkte neben Gottes Segen ein prächtiger Pokal samt Siegerschleife. Das fand ich äußerst reizvoll, bis ich erfuhr, dass ich Fiorenzo Magni war. Zwar war der Italiener, der zwischen 1949 und 1951 vor der gesamten belgischen Konkurrenz dreimal nacheinander auf splendide Weise die

Flandern-Rundfahrt gewonnen hatte, eine durchaus bewundernswerte Gestalt. In Italien erhielt er aufgrund dieser immense Erfolgskette sogar den honorigen Beinamen „Il leone di Fiandre". Doch wäre ich bei dieser heiligen Zermürbungsschlacht Rik Van Steenbergen gewesen, ich hätte mit Sicherheit viel mehr Ausdauer bewiesen und garantiert den Pokal gewonnen.

Wind essen im Hohen Venn

Eine Wanderung durch Belgiens urtümlichste Landschaft

Zwischen Eupen und Malmedy, Mützenich und Spa, ganz im Osten Belgiens, erstreckt sich das Hohe Venn, mit fast zweieinhalbtausend Quadratkilometern das größte Hochmoor des Kontinents. Eine Wanderung durchs Hohe Venn führt aber nicht nur durch eine urtümliche Landschaft, sondern kann auch ein Stück weit ins eigene Ich leiten. Das hat Hermann-Josef Schüren *festgestellt.*

Am frühen Morgen lassen wir, von der deutschen Grenze kommend, Eupen hinter uns und fahren die Höhe hinauf, die zu jeder Jahreszeit eine Menge Besucher anlockt. Im Sommer erproben Radfahrer ihre Kondition am Anstieg und von den Parkplätzen links und rechts der Straße brechen berucksackte Wanderer auf. Im Winter quält sich eine Blechschlange die vereiste Fahrbahn zu den Langlaufpisten hinauf und die Wanderer sind noch immer da. Aber wann und wie immer man die Höhe erreicht, es durchzuckt einen wie ein Schlag, wenn die Landschaft sich unvermutet öffnet.

Das Venn ist vor allem ein Fest für die Augen. Im Frühling überziehen die Blüten der Moosbeere und Rosmarinheide die Moosteppiche mit weißrosa

Tupfern, zu denen im Sommer die leuchtend gelben Blüten der Ährenlilie kommen. Im Herbst prägt das Pfeifengras die Landschaft mit seinem unverwechselbaren Rostorange, das sich zum Winter hin in blasses Gelb verwandelt. Ein mattfarbiges Meer aus Glockenheide, gesprenkelt vom Violett des Heidekrautes, empfängt den Wanderer.

Ich bin mit einem Freund unterwegs, der sich zum ersten Mal diese urtümliche Landschaft erwandern will. Eben war unser Blick noch eingepfercht von den schwarzen Rippen der Fichtenschonungen. Jetzt gleiten unsere Augen ungehindert über den weiten, kargen Höhenrücken. Niedriges Gesträuch, Pfeifengras, Moose und Tümpel bestimmen das Panorama, gebrochen von den bizarren Silhouetten knorriger Moorbirken. Und dazwischen leuchten die Knüppelpfade, die hineinführen in die feuchte, eigentümliche Landschaft, die sich nur zu Fuß erobern lässt.

Wenig später stellen wir das Auto auf dem Parkplatz bei Baraque Michel ab. Es ist die bekannteste Zufluchtsstätte des Venns. Das steinerne Gebäude war ursprünglich eine primitive Hütte, erbaut aus Lehm, Torf und Grasbüscheln. In dieser Hütte lebte im 18. Jahrhundert ein gewisser Michel Schmitz. Er hatte sich, wie viele andere, in der unwegsamen Vennlandschaft verirrt. In seiner Not drückte er einen Stock in den feuchten Boden und gelobte für den Fall seiner Errettung an dieser Stelle den Bau einer Schutzhütte. Bis an sein Lebensende soll er diese Hütte bewohnt und 130 Verirrte gerettet haben. Wir ziehen die Gummistiefel an und beobachten, wie die Betreiber der Imbissbude Säcke mit frisch geschälten Kartoffeln entladen. Sie mühen sich auch unseretwegen, denn am Abend, wenn wir von unserer Wanderung zurückgekehrt sind, werden wir uns ganz gewiss mit einer großen Portion Fritten belohnen.

Das Hohe Venn, von Geologen „Massiv von Stavelot“ genannt, ist mit mehr als viertausend Hektar eines der größten Hochmoorlandschaften Europas. Die besonderen klimatischen und geologischen Verhältnisse des bis nahezu siebenhundert Meter aufragenden Massivs haben dazu geführt, dass es seit 1957 als deutsch-belgischer Naturpark ausgewiesen ist. Alljährlich lassen sich mehr als eine halbe Million Besucher von der Vielfalt und schroffen Gegensätzlichkeit dieser Urlandschaft verzaubern.

Für die feuchten, atlantischen Winde stellt das Massiv das erste größere Hindernis auf dem nordwesteuropäischen Festland dar. Wie ein riesiger Windfang stemmt es sich den Luftmassen entgegen. Kein Wunder, dass hier außergewöhnliche klimatische Bedingungen herrschen. Zu jeder Jahreszeit kann das Wetter plötzlich umschlagen. Innerhalb kürzester Zeit kann sich der Himmel bewölken, auch heftige Gewitter sind keine Seltenheit. An sonnendurchfluteten Tagen ist die Luft so klar, dass man mehr als sechzig Kilometer weit sehen kann, aber oftmals peitscht der Regen erbarmungslos das Land. Dann bleibt der Himmel tagelang grau und die Sonne hinter Dunstschleiern verborgen.

Wir sind jedoch gerüstet. Im Rucksack Wasser, Brot und eine luftgetrocknete Salami. Der Himmel scheint uns wohl gesonnen, es sieht aus, als würde das Wetter halten. Kaum haben wir den Parkplatz hinter uns gelassen, wird der Boden weich, wir sinken bei jedem Schritt ein. Augenblicke später füllen sich unsere Fußspuren bereits mit Wasser. Wasser ist das vorherrschende Element im Hohen Venn. An vielen Stellen lauern versteckte Tümpel, verborgene Wasserlöcher, heimtückische Moore. Die Torfschichten sind bisweilen mehr als zehn Meter dick und wir befinden uns im Quellgebiet einer Unzahl von Bächen und Flüssen. Sie zerschneiden das Plateau mit ihren Tälern und verleihen ihm ein gebirgiges Gepräge. Überall gurgelt und plätschert es und bald kommt es einem vor, als höre man Wassermusik.

Das Wort „Venn“ geht auf das lateinische Wort „Fania“ zurück, was ursprünglich etwa Kot, Schmutz, Sumpf bedeutete. Heute wird mit „Venn“ Brachland bezeichnet, das weder forst- noch landwirtschaftlich genutzt wird. Tatsächlich besteht nur ein Teil des Hohen Venns aus aktiven Hochmooren. Daneben gibt es ausgedehnte Waldungen und sogar Heidegebiete, denn immer wieder wurden Anstrengungen unternommen, das Land trocken zu legen und urbar zu machen. Entwässerungsgräben wurden gezogen, Weidewirtschaft betrieben, Torf abgebaut. Es gab sogar Versuche, großflächig Roggen anzubauen.

Seit Jahrzehnten kämpfen Naturschützer und Venn-Freunde verzweifelt um den Erhalt der verbliebenen, aktiven Hochmoore. Von Wissenschaftlern der Universität Lüttich wurde ein Schutzplan erstellt, der die Sperrung von Bereichen vorsieht, die als besonders gefährdet gelten. Die sogenannte C-Zonen dürfen nur in Begleitung speziell ausgebildeter Führer betreten werden. Auch durch das vermehrte Anlegen von Knüppelpfaden versucht man, die Schäden durch Besucher in Grenzen zu halten. Entwässerungsgräben werden von Hand wieder zugeschüttet und standortfremder Bewuchs entfernt. Dennoch bleibt zweifelhaft, ob das labile ökologische Gleichgewicht erhalten werden kann.

Libellen umkreisen Tümpel und Schmetterlinge erweisen sich wirklich als Gaukler der Lüfte. Man muss ein Auge für die kleinen Dinge entwickeln, um die ganze Schönheit des Venns zu erfahren. Achtsam muss man sein, damit diese kleinen Dinge nicht zwischen den großen verschwinden. Die Landschaft ist erhaben, aber ihre Schönheit steckt im Detail.

Sobald man tiefer ins Venn vordringt, verändert sich das Bewusstsein. Die Landschaft nimmt einen mehr und mehr in Besitz. Wir gehen auf Brettern und sehen in den Himmel. Es ist, als würden wir am Strand spazieren gehen, das Geräusch der Wellen in den Ohren, den Blick an die Horizontlionie verloren. Wir wissen zwar, dass der Horizont die Welt nur scheinbar begrenzt, aber für Augenblicke wird alles ungewiss. In der Ferne tauchen die weißen Segel eines Schiffes auf oder ein Flugzeug ritzt mit seinen Kondenzstreifen das weißwolkige Himmelsblau. Wir gehen weiter, hören den Wind und verlieren uns an den Anblick der vorbeiziehenden Wolken. Wir lassen uns treiben im Augenblick und genießen es, gegenwärtig zu sein.

Moorlandschaften haben seit jeher die Phantasie beflügelt. Es scheint, als würden dabei vor allem die dunklen und unheimlichen Seiten der menschlichen Existenz zutage treten. Wo die Teerstraßen der Alltagserfahrungen enden, werden wir mit mit unseren Ängsten konfrontiert. Seltsame Geschichten fallen uns ein, wie die vom „Petershaus“, dessen Wirt den Gästen unter dem Vorwand, sie rasieren zu wollen, die Kehle durchgeschnitten haben soll. Wir sprechen über Moorleichen, ein abgestürztes Flugzeug und das Gefangenenlager, an das eine Tafel erinnert.

Aber es erfasst uns auch eine ungeahnte Leichtigkeit. Jeder Schritt ist eine Wohltat. Mit einem Mal wird uns klar, dass es etwas ganz Besonderes ist, zu Fuß unterwegs zu sein. Gehend tastet man sich gleichsam an das Unbekannte heran, um sich dabei zu verändern.

Wir spüren die Veränderung an Leib und Seele, während wir weitergehen, immer weiter. Längst haben wir vergessen, wie lange wir unterwegs sind. Die Zeit hat keine Bedeutung mehr. Der Raum ist an ihre Stelle getreten. Wir sprechen kaum ein Wort, um die Ruhe nicht zu stören, die uns umschließt. Immer häufiger bleibt mein Freund zurück, kauert nieder und betrachtet eine Pflanze. Als ich ihn nach dem Grund frage, lächelt er. Schon lange habe er nicht mehr so viel erlebt, sagt er. Er meint, die Eindrücke sammeln zu müssen, bevor sie wieder verloren gehen.

Das Venn ist voller Geschichten. Es gibt eine Unzahl von Kreuzen und Gedenksteinen, die die Erinnerung daran wachhalten. Das Glöckchen von Baraque Michel trägt die Jahreszahl 1589. Niemand weiß genau zu sagen, wie vielen Wanderern sein Klang das Leben gerettet hat. Über Jahrhunderte wurde es in der Dämmerung und bei Nebel geläutet. Die Geretteten haben ihre Dankbarkeit in einem Buch verewigt, das wegen seiner metallenen Beschläge das „Eiserne Buch“ genannt wurde.

In der Tat wird mit Einbruch der Dämmerung die Orientierung schwierig – das müssen auch wir feststellen. Die nassen Pfade sind kaum noch zu erkennen. Jede kleine Abweichung kann lebensgefährlich sein. Es ist tatsächlich ein Abenteuer, dieses raue und unzugängliche Land zu besuchen, aber niemand sollte sich ernsthaft ängstigen. Wer sich verirrt, hat sich nicht an die Vorschriften gehalten. Die Beschilderungen sind hervorragend, das Netz der Knüppelpfade eng geknüpft.

Das war nicht immer so. So machten sich am 21. Januar 1871 Maria Josepha Solheid und François Reiff von Jalhay aus auf den Weg durchs Venn. Sie sind jung, verlobt und auf dem Weg nach Xhoffraix, um die Hochzeitspapiere abzuholen. Beide kennen den Weg so gut, dass sich niemand Sorgen macht. Als sie aufbrechen, ist der Himmel winterlich klar. Unterwegs schlägt das Wetter plötzlich um und sie geraten in einen furchtbaren Schneesturm. Orientierungslos irren sie in dem weißen Chaos umher, laufen im Kreis, bis Marie die Kräfte verlassen. François bleibt bei ihr, bis sie in seinen Armen stirbt. Als ihre Leiche zwei Monate später entdeckt wird, hält sie einen Zettel in der Hand: „Marie ist gerade gestorben, ich werde gleich sterben.“ François wird einen knappen Kilometer von seiner Verlobten entfernt erfroren aufgefunden. Heute ist das „Kreuz der Verlobten“ eine Pilgerstätte für viele Venn-Wanderer.

Unterwegs im Hohen Venn. Hinter uns schließt sich der Raum. Der Abend dämmert. Wir meinen, spurlos zu werden und einzugehen in diese Landschaft. Jetzt will jeder Schritt bedacht sein. Wir hören unseren Atem. Noch einmal verharren wir, schauen und lauschen. Von weit her dringt das Rauschen der Fichtenkämme an unser Ohr. Und immer wieder die Geräusche des Wassers, das nie zur Ruhe kommt.

Mit einem Mal kommen uns die Büschel des Pfeifengrases wie struppig behaarte Köpfe vor. Wie Köpfe von Toten, die bis zum Hals versunken sind im Moor. Wir müssen an all diejenigen denken, die vom Weg abgekommen und gestrauchelt sind. Hier und anderswo.

Am Rande des Venns schauen wir zurück. Wild und großzügig, weit und unberührt wirkt die Gegend nun. Die Poesie des Raumes wird greifbar. Die Trennungen sind aufgehoben. Wasser verlandet und Land weicht auf. Alles verschwimmt. Himmel und Erde scheinen ineinander überzugehen. Wir fühlen uns nicht mehr als Eindringlinge, die den Frieden der Natur stören. Wir essen ein letztes Mal den Wind, der über den abendlichen Höhenrücken streift, und kehren zum Parkplatz zurück.

Die Imbissbude ist erleuchtet. Die meisten Venn-Wanderer sind bereits auf dem Heimweg. Versehen mit einer Tüte Fritten nehmen wir auf einem großen Stein Platz. Wir spüren unsere müden Beine. Es gibt nicht viel zu sagen. Alles scheint selbstverständlich. Selten sind wir uns so nahe gewesen wie in diesem Augenblick. Ein geglückter Tag bedarf keiner Worte.

Wo die Dinos Kuscheltiere sind

Brüssel und sein Europaviertel

Wie ein Moloch frisst sich Europa ins Brüsseler „Quartier Léopold" hinein, früher eines der stattlichesten Wohnviertel der königlich-belgischen Hauptstadt. Michael Stabenow nimmt Sie mit auf einen Spaziergang zu Abrisshäusern, Glaspalästen und geisterhaften Bahnhöfen.

Die Wanderung durch das Brüsseler Europaviertel beginnt rund 1 300 Kilometer östlich der belgischen Kapitale: in Warschau. In luftiger Höhe von mehr als zweihundert Metern eröffne, so behaupten böse Zungen seit Jahrzehnten, der „Palast der Kultur und der Wissenschaft" dem Besucher die schönste Aussicht über die polnische Hauptstadt. Nicht wegen des Panoramas, sondern weil man just an dieser Stelle den Anblick des im Stil des „sozialistischen Realismus" entstandenen Monumentalbaus nicht erdulden müsse. Er war in den fünfziger Jahren eine Gabe der Nationen der Sowjetunion an das polnische „Brudervolk". Anfangs hieß der Bau gar nach Josef Stalin.

In Brüssel begnügte man sich mit Justus Lipsius. Nach dem flämischen Humanisten des ausgehenden 16. Jahrhunderts ist dort das 1995 eingeweihte Verwaltungsgebäude des Europäischen Ministerrats benannt. Es war keineswegs ein Geschenk der Regierungen der Europäischen Union. Auf umgerechnet 350 Millionen Euro, vielleicht auch mehr, summierten sich die Baukosten. Im Gegensatz zu jenem Ungetüm in Warschau wurde der Grundstein erst 1989 gelegt. Damals war es in der belgischen Hauptstadt nach den zahllosen architektonischen Sünden der vorangegangenen Jahrzehnte zeitweilig nicht mehr schicklich, nur noch stets höher hinaus zu wollen. Deshalb sollte der Bau in die Breite gehen und dennoch möglichst imposant wirken.

Heraus kam ein Klotz, der an mittelalterliche Trutzburgen erinnert. Anders als der Turmbau zu Warschau ist er nicht aus der Ferne zu erspähen. Die Geister scheiden sich indessen auch am Brüsseler Bauwerk. Peter Hort, Brüsseler Korrespondent der „Frankfurter Allgemeinen Zeitung", berichtete Ende Mai 1995 von einer „jedes menschliche Maß übersteigenden Demonstration von Macht und Herrlichkeit". Folgende Einschätzung trug dem keineswegs zu reißerischem Stil neigenden Journalisten eine Flut an empörten, aber auch beipflichtenden Reaktionen ein: „In der Tat könnte der Riesen-Quader aus rosarotem Sandstein und blau getönten Glasscheiben dem Reißbrett Albert Speers entstammen, des Architekten Adolf Hitlers."

Mittlerweile hat sich die Aufregung um das Justus-Lipsius-Gebäude etwas gelegt. Häufiger schweifen die Blicke auf die andere Seite der Rue de la Loi hinüber. Im Jahr 2004, so die jüngste offizielle Sprachregelung, soll das sternförmige Berlaymont-Gebäude wieder seine Pforten öffnen. Von 1968 bis Ende 1991 hatte sich dort die Spitze der Europäischen Kommission mitsamt dreitausend Mitarbeitern eingenistet. Dann mussten sie die 13 asbestverseuchten Stockwerke des Glaspalasts mit seinen vier Flügeln räumen. 1996 sollten die Renovierungsarbeiten abgeschlossen sein – doch es kam anders. Jahrelang umwitterte das Gebäude eine unheimliche Mischung aus hektischer Betriebsamkeit und geisterhafter Stille. Zeitweilig hatte das „Berlaymonster" sich gar vollständig den Blicken der Brüsseler entzogen, verborgen hinter einem weißen Kunststoffvorhang, der selbst dem bulgarischen Verpackungskünstler Christo zur Ehre gereicht hätte. Sechs Jahre später ließ sich nur darüber rätseln, wann im Berlaymont wieder Beamte zum Wohle Europas wirken können. Unbeantwortet blieb auch die Frage, wie viele Gelder beim Sanierungsvorhaben in dunklen Kanälen versickert sind. Anfang 2002 bezifferten zwei belgische Senatoren die Kosten für das Abenteuer schon auf mehr als 1,1 Milliarden Euro – gut drei Mal so viel wie Anfang der neunziger Jahre veranschlagt.

Seit 1864 stand dort ein Klosterneubau, der letztlich auf das Jahr 1625 und Marguerite de Lalaing, die Ehefrau des Grafen Florent de Berlaymont, zurückging. Wo von 1968 an europäische Kommissare und Beamten aus damals noch sechs Ländern ein- und ausgingen, hatten bis 1962 noch neunhundert Schülerinnen aus, wie einst durch die Gräfin verfügt, „guter Familie" gebüffelt.

Mit den Schülerinnen verschwand jegliche Beschaulichkeit und es kam, was bis zum heutigen Tag in Brüssel zum tagtäglichen Ritual gehört: Abrisskolonnen zertrümmern im Europaviertel zahllose Zeugnisse Brabanter und Brüsseler Geschichte. War es purer Zufall, dass eine der daran beteiligten

Firmen den Namen „Froidcoeur", kaltes Herz, trug?

In den sechziger Jahren gab es westlich der Rue de la Loi schon einmal, was dort wieder seit Anfang der neunziger Jahre besteht: eine Dauerbaustelle. Genau genommen war es ein Krater, der sich langsam mit allerhand modernen Bausubstanzen füllte. Schließlich schmückte sogar ein Hubschrauberlandeplatz das Dach – eine nie gebrauchte, daher unnütze Verzierung.

Weniger einsam zeigt sich der benachbarte Kreisverkehr. Einst hieß er Rond-Point de la Loi. Und so nannten ihn viele noch, als er schon den Namen Rond-Point Schuman trug. Robert Schuman, der französische Mitbegründer der europäischen Montanunion, wäre sicherlich stolz auf das, was in einem halben Jahrhundert europäischer Einigung erreicht worden ist. Was würde er hingegen sagen, sähe er jenen unterirdischen, nach ihm benannten trostlosen Bahnhof, der noch heute hervorragend die Kulisse für einen Film über das Ost-Berlin des Kalten Krieges abgeben könnte? Weniger Grund zur Freude hätte Schuman auch beim Anblick des Platzes, der seinen Namen trägt. Hier, inmitten eines nie abreißenden Verkehrsstroms und der zahllosen, von Termin zu Termin hetzenden Beamten, Politiker, Lobbyisten und Journalisten, ist nicht der Ort, innezuhalten und über Europa von gestern, heute und morgen nachzudenken.

Eher darüber, wann sich wo all die Jahre seit 1969 die Eingänge zur Metro befunden haben: mal in der Mitte des Platzes, dann rechts, dann wieder links, irgendwann mal auf beiden Seiten der Rue de la Loi? Und dann diese Rolltreppe, die nur dazu gebaut worden schien, ständig auszufallen: *En panne*. Unweigerlich fällt einem Raymond Devos ein, der scharfzüngige französische Altmeister des absurden Humors mit verwandtschaftlichen Banden nach Brüssel. Er muss jenen Rond-Point vor Augen gehabt haben, als er einst den Sketch „Le plaisir des sens“ schrieb: Ein Rond-Point, in den nur Einbahnstraßen einmünden. Keine andere Möglichkeit, als mit den anderen gegen den Uhrzeigersinn zu kreisen. Einige, klärt der Polizist auf, drehten schon seit einem Monat ihre Runde. Und jener schwarze Wagen, der alles aufhält? Ein Leichenwagen, seit zwei Wochen dabei. Und der weiße Wagen, der alles überholt? Ein Krankenwagen mit Vorfahrt. Ist jemand drin? Es war jemand drin. Wo ist er jetzt? Im Leichenwagen. Völlig entnervt ruft Devos dem Polizisten zu, er fühle sich nicht wohl. „Wenn Sie krank sind“, schlägt es ihm entgegen, „dann steigen sie in den Krankenwagen ein!“

Auch Europa schien schon öfter totgesagt. Die Bauarbeiten rings um den Rond-Point Schuman zeigen indes, dass und vor allem, wie es – zumindest in Brüssel – lebt. Nicht mehr lange wird jenes unmittelbar neben dem Justus-Lipsius-Gebäude gelegene belgische Amt für Autoneuzulassungen, ein Kleinod des real existierenden belgischen Absurdistans, überdauern. Schon wurde im Eingangsflur jene trostspendende Aufschrift „Von hier an noch eine Stunde Wartezeit“ getilgt. Wo heute – noch – die Geduld der Zeitgenossen aufs äußerste strapaziert wird, soll dereinst der rundum renovierte Art-déco-Komplex des „Résidence Palace“ die Kulisse für die ständig in Brüssel stattfindenden klassischen Gipfeltreffen der erweiterten Europäischen Union bilden.

In neuem Glanz erstrahlt indes das auf der anderen Straßenseite der Rue de la Loi und unterhalb des Berlaymont gelegene Charlemagne-Gebäude. Dass es nach Karl dem Großen benannt ist, hat wenig mit Geschichtsbewusstsein zu tun. Der Name bot sich einfach an, weil das Bürohaus an der Ecke Rue de la Loi/Boulevard Charlemagne liegt. Heute präsentieren sich – gemäß dem in der Gemeinschaft seit einem Jahrzehnt gehuldigten Grundsatz der Transparenz - die für Außenbeziehungen zuständigen Dienststellen der Kommission in einem runderneuerten Glaspalast. Die Fahrstühle zählten schon in den sechziger Jahren zu den besonders rasanten in der belgischen Hauptstadt. Auf den fünfzehn Stockwerken waren bis 1995 die rund 2 500 Mitarbeiter des EU-Ministerrats tätig, ehe sie schräg gegenüber auf der anderen Straßenseite der Rue de la Loi in jenem bereits erwähnten Riesenquader eine neue Bleibe fanden.

Dass Justus Lipsius, 1547 vor den Toren Brüssels in Overijse geboren, während der Wirren von Reformation und Gegenreformation nicht immer durch mustergültige Toleranz gegenüber Andersdenkenden bestach, schien bei der Namensgebung für dieses Gebäude unerheblich sein. So wie Karl der Große bot sich auch Justus einfach an, weil im Herzen des heutigen Europaviertel, einst eine von gutbürgerlichen Wohnhäusern gesäumte Straße seinen Namen trug. Eines der längst dem Erdboden gleichgemachten Gebäude diente gegen Ende des Zweiten Weltkriegs den Alliierten gar als Brüsseler Hauptquartier.

Das ist Vergangenheit. Noch immer gibt es sie, jene leicht abfallende Rue Juste Lipse. Heute ist sie eine Einbahnstraße, die sich als Schleichweg im Verkehrsgedrängel des Europaviertels wachsender Beliebtheit erfreut. Längere Zeit halten sich dort nur die auf der Südseite geparkten Autos auf. Gegenwärtig wird die Straße auf der Nordseite vom abweisenden Ministerratsgebäude begrenzt. Weiter südlich ist ein Musterbeispiel städtischer Öde entstanden – ein klassisches *terrain vague*, von denen es in Brüssel Hunderte gibt. Nur ein wohl in den zwanziger Jahren entstandenes Haus, das heute mit skandinavischen Leuchtern, Tischdecken, Nussknackern, aber auch mit vielfältigen Gaumenfreuden lockt, hat den Abrissbirnen bis heute erfolgreich getrotzt. Bald wird das „Nordica" einen weiteren, im Namen der europäischen Einigung entstandenen Neubau zum Nachbarn haben.

Dass es bis auf Weiteres ein Nebeneinander von Alt und Neu geben dürfte, muss städtebaulichen Ästheten ein Dorn im Auge sein. Andererseits schöpft das Europaviertel aus dem Chaos, in dem sich Baulöwen, widerborstige Hauseigentümer, Mieter und offenkundig überforderte belgische Behörden tummeln, eine gewisse Lebenskraft. Hier kann kein lupenreiner, scharf von Wohngebieten getrennter „Central Business District" entstehen, wie er in den Lehrbüchern der Stadtgeographie beschrieben wird.

Überqueren wir nun bei jener kleinen Gebäudeinsel „Nordica", einem Hort skandinavischen Wohlbehagens, die Rue Belliard und biegen ein paar Schritte weiter oben rechts in die Rue Demot ein. Dort erblicken wir ein weiteres Paradebeispiel für das europäische und Altbrüsseler Nebeneinanders.

Noch ehe wir uns über den Doppelschlund der Tiefgarage des Gemeinsamen Konferenz- und Dolmetscherdiensts der Europäischen Union erregen können, gibt eine kleine Gasse mit dem verheißungsvollen Namen Impasse du Pré („Wiesengang") den Blick auf einen mit Blumen geschmückten Hinterhof und geradezu dörfliches Idyll frei.

Auch anderswo tut sich Europa schwer, gewachsene Bausubstanz zu verschlingen und einfach durch Stahl, Beton und Glas zu ersetzen. Im Schatten von Charlemagne und Berlaymont schien lange Jahre ein ganzer Häuserblock – die Îlot Stévin – dem Abriss geweiht zu sein. Anfang der siebziger Jahre waren dort drei Dutzend Gebäude enteignet worden, um weiteren, mehr oder weniger schmucken Bürokästen zu weichen. So weit kam es dann doch nicht. Wo noch vor wenigen Jahren Kinder auf der Straße gespielt hatten, standen zwar plötzlich Gebäude leer. Jedoch regte sich innerhalb der Brüsseler Gemeindeverwaltung und der Europäischen Kommission angesichts der verheerenden städtebaulichen Folgen das schlechte Gewissen.

Plötzlich wurden neue Pläne zur Erhaltung des Wohnviertels geschmiedet. Zwar wurden vor einer Kommalwahl noch unauffällig drei Millionen Euro, die eigentlich für die Erneuerung der Ilot Stévin bestimmt waren, zur Place du Jeux de Balle umgeleitet, mit ihrem sonntäglichen Flohmarkt eine innerstädtische Touristenattraktion erster Güte; dennoch soll nun eine Altbausanierung in Angriff genommen werden, die diesen Namen auch wirklich verdient.

Es sollte aber noch vorkommen, dass vor einer

Kommunalwahl rund drei Millionen Euro, die eigentlich zur Erneuerung der Îlot Stévin dienen sollten, woanders hinflossen. Kurzerhand war das Geld dazu genutzt worden, dem in der Innenstadt gelegenen Place du Jeux de Balle, an dem Sonntag für Sonntag ein Flohmarkt Einheimische und Touristen anlockt, eine Frischzellenkur zu verpassen. Folgt man der offiziellen Darstellung, kommt es in der Îlot Stévin endlich tatsächlich zu einer Altbausanierung, die diesen Namen verdient.

Jenseits des Leopoldparks zeigt sich besonders eindrucksvoll, wie die „Brüsselisierung" weiter voranschreitet. Die Chiffren D1, D2, D3 stehen für jene mächtigen Glasbauten des Europäischen Parlaments, die an Sonnentagen bei der Einfahrt aus dem Brüsseler Südosten ein glitzernder Blickfang sind. In der Mitte steht jener Glaskuppelbau, der an eine Käseschachtel erinnert und deswegen im EU-Volksmund den spöttischen Beinamen „Caprice des Dieux" erhalten hat. Er trägt heute offiziell den Namen von Paul Henri Spaak, einst ein hoch geachteter belgischen Außenminister und wie Schuman einer der Gründungsväter der Gemeinschaft.

Tatsächlich bietet sich dem Besucher vom obersten Geschoss aus eine der schönsten Aussichten auf den hügeligen Brüsseler Süden. Beim Blick über die sich zu einem harmonischen Gesamtbild fügende Vielfalt von Straßenzügen, Gebäuden, Dächern und Parkanlagen geraten für einen Augenblick Wunden und Narben der „Brüsselisierung" in Vergessenheit.

Das Schwelgen weicht spätestens dann einem leicht beklemmenden Gefühl, wenn der Besucher zu vorgerückter Stunde wieder die Rue Wiertz betritt und zwischen menschenleeren Häuserfluchten städtisches Leben sucht. Es scheint, als strafe ausgerechnet das Parlament, die direkt von den Wählern bestimmte Institution, die schönen Reden vom bürgernahen Europa Lügen. D4 und D5 lauten die internen Bezeichnungen für die Bauten, die demnächst dem nahe gelegenen Luxemburg-Bahnhof oder dem, was davon übrig geblieben ist, auf die Pelle rücken werden. Kein Zweifel: Europa wird sich in Gestalt eines Molochs weiter in die gewachsenen Wohnviertel Brüssel hineinfressen. Wer kann sich ihm entgegenstellen? Vielleicht die stattliche Sammlung von Dinosauriern, die im benachbarten „Musée des Sciences Naturelles de Belgique", dem Belgischen Museum der Naturwissenschaften, zu bewundern ist. Aber nehmen sie sich, gemessen an ihrer heutigen Umgebung, nicht wie Kuscheltiere aus?

Lehm

Die Geschichte einer flämischen Arbeiterfamilie

Manche Heldensaga bleibt in Flandern ungeschrieben, manches tapfere Leben verläuft unbemerkt, da stumm. Deshalb hat ***Marion Schmitz-Reiners*** *das Drama einer flämischen Arbeiterfamilie aus der „Rupelstreek" bei Boom aufgeschrieben, in dem sich auch die Geschichte des ländlichen Flandern seit der deutschen Besatzung spiegelt.*

Petrus Van Rietvelde starb, wie er gelebt hatte: stumm und erfüllt von einem geheimnisvollen Groll. Er starb um zwei Uhr morgens in dem kahlen Krankenhauszimmer, in das man ihn drei Tage vor seinem Tod gebracht hatte, umgeben von seiner Frau, seinen beiden Söhnen, seiner Tochter und einer Schwiegertochter. Die letzten drei Jahre seines Lebens hatte er nur noch eine halbe Lunge; die andere Hälfte war vom Staub der Ziegelfabriken von Terhagen zerfressen worden. Seine letzten Worte waren: „Hört endlich mit der Küsserei auf." Daraufhin richtete seine Tochter sich auf und seine Frau nahm ihre Hand von der seinen. So verschied er. Valentine, die Schwiegertochter, schlug eilig ein Kreuz über dem mageren, kleinen Toten. Diese Tat wurde in Windeseile auf den Krankenhausgang kolportiert, wo die übernächtigten Geschwister des Verstorbenen, die Nichten und Neffen, die acht

Enkel und sieben Urenkel saßen und warteten. Petrus Van Rietvelde war die zweite Hälfte seines Lebens ein Roter gewesen und, bis man ihm den Lungenflügel herausgeholt hatte, Leiter des Sozialistischen Turnerbunds von Terhagen.

Er nahm seinen Kummer und die Frage, die ihn fünfzig Jahre lang gequält hatte, mit ins Grab. Genauer: mit auf die winterliche „Ehrenwiese" des Friedhofs am Fuße des Rupeldeichs, wo drei Tage später seine Asche verstreut wurde. Das halbe Dorf war erschienen, die Fanfare des Turnerbunds, die gesamte zerstrittene Familie. Als der Bestattungsunternehmer feierlich die winzige Urne öffnete, fiel die Asche mit lautem Geklirr auf den Boden. Seltsamerweise klang es, als würden Glasscherben auf eine Blechplatte fallen. Die Umstehenden zuckten ein letztes Mal zusammen. Die leichteren Ascheteilchen verwehten im eisigen Wind, ja, setzten sich auf einigen der schwarzen Mäntel fest. So kehrte die Asche von Petrus Van Rietvelde zurück ins Vereinslokal des Turnerbunds, wo lange Tische aufgebaut waren, auf denen Thermoskannen und Brötchen standen, die Petrus' Tochter Marij zusammen mit ihren drei Töchtern am frühen Morgen mit Schinken, Wurst und Käse belegt hatte.

Leben, das war noch nie ein Luxus gewesen in Terhagen, da schon eher das Sterben. Deshalb wurden bei Beerdigungskaffees auch stets die gleichen Brötchen serviert wie an Sonn- und Festtagen, wenn die Verwandten zu Besuch kamen. Noch heute ist das Dorf ärmer und hässlicher als andere flämische Dörfer. Das einst flache Land am Ufer des Flusses Rupel, die Rupelstreek, ist zernarbt von aufgelassenen Lehmgruben und durchzogen von langen, niedrigen Schuppen mit eingebrochenen Dächern, in denen früher Ziegelsteine getrocknet wurden. Niemand denkt daran, die Schuppen abzubrechen. Die wenigen alten Leute, die noch in den letzten Arbeiterhäusern von Terhagen wohnen, haben ihr Leben in den Ziegelbrennereien verschlissen, weshalb ihnen die Ruinen so vertraut sind wie der Turnerbund, die Gewerkschaft und die Frittenbude am Beginn der Dorfstraße, aus der freitag- und samstagnachts Diskomusik von der Kassette schallt.

Petrus hingegen hatte es im Alter gut getroffen. Seiner Gewerkschaft war es gelungen, der Gemeinde ein paar Sozialwohnungen abzutrotzen, und von seiner Pensionierung bis zu seinem Tod lebten er und seine Frau Agnes in der „Straße des 1. Mai" in einem winzigen, einstöckigen Reihenhaus, das gut zu beheizen war und sogar ein Badezimmer hatte. Im Arbeiterhäuschen hatte man sich, wenn's im Hof gar zu kalt war, am Spülstein gewaschen. Zum Reihenhaus gehörte ein schmaler, langer Garten, in dem Petrus Kartoffeln, Lauch und Tomaten anbaute und das Alteisen hortete, das er mit einem ausrangierte Kinderwagen in Dorf einsammelte. Im Kleiderschrank stapelte er, um sich für alle Zeit vor Not zu schützen, Säcke mit Zucker und Trockenerbsen. Und schließlich errichtete er ganz hinten im Garten einen treibhausähnlichen Verschlag, in dem er Trauben züchtete. Dort hinein führte er die Enkel und die Urenkel, wenn sie sonntags zum Kaffee kamen. Jedoch waren die Trauben weniger zum Verzehr geeignet als das Kaninchen, das zu jedem Osterfest gekauft und zu Weihnachten geschlachtet wurde. In der Zwischenzeit hüpfte es fröhlich im Verschlag herum und beglückte jedermann mit seinem treuherzigen Blick.

Petrus war milder geworden in den letzten Jahren. Nur seine beiden Söhne und seine Tochter zitterten noch manchmal vor ihm. Seine Frau hatte sich an sein Schweigen gewöhnt. Jeden Abend saßen Petrus und Agnes gemeinsam vor dem Fernseher, scheinbar einträchtig, tatsächlich erfüllt von Kummer und Vorwürfen. Reden hatten sie nie gelernt, und schon gar nicht, miteinander zu reden, gar Fragen zu stellen. Noch heute wird im Dorf nicht geredet. Es wird *gebabbeld*, geplaudert. Schließlich war auch über diesen Teil Flanderns die spanische Soldateska hinweg getrampelt, und auch unter den Österreichern, den Franzosen und den Deutschen hatte man den Mund gehalten. Schon der Dialekt, jedes Wort konnte den Besatzer reizen. Das Bedürfnis, nicht aufzufallen, war in die Gene der Terhagener abgesintert.

Terhagen war wie jedes Dorf eine Welt für sich, aus der wenig hinaus und nichts hinein drang. Die Welt von Terhagen endete im Westen am Fluss Rupel, der genau am Dorf vorbei floss und es vom Industriestädtchen Boom und den lieblichen Flussauen der Alten Schelde, von Weert und Bornem trennte, wo die von Sint-Aldegonde und d'Ursel ihre prachtvollen Schlösser und hübschen Jagdpavillons errichtet hatten. Im Osten hingegen begann jenseits der Lehmgruben bereits der Einflussbereich der reichen und mächtigen Bischofsstadt Mecheln. Wenn Petrus und Agnes, feierlich angetan, Terhagen einmal für einen kurzen Ausflug verließen, waren sie froh, wenn sie wieder ins Dorf zurückkehren konnten, wo man wenigstens ihren kehligen Dialekt mit den vielen französischen Lehnwörtern verstand, wo der verrückte Sohn der Nachbarin Rosa sie freudestrahlend auf dem Bürgersteig erwartete und wo Petrus bei aller Armut als Patriarch galt und Agnes als Schönheit mit einer Vergangenheit, die so Manchen im Dorf mit wollüstigem Schauder erfüllte.

Noch aus einem weiteren Grund waren die Einwohner von Terhagen seit Langem verstummt. Beim Dorf gab es eine dicke Lehmschicht, und Mitte des 19. Jahrhunderts nahm in der durch die Hüttenindustrie zu Reichtum gelangten Wallonie die Nachfrage an Baumaterial sprunghaft zu. Männer, Frauen und Kinder, alle Einwohner des Dorfes zogen mangels anderer Einkommensquellen hinaus in die Lehmgruben und die Ziegelbrennereien. Dort schufteten sie im Akkord für einen Hungerlohn, von dem sich die reichen, französischsprachigen *patrons* nicht ohne einen gewissen *dégoût* trennten.

Was gibt es zu reden, wenn man im Winter bis zu den Knien im eiskalten Schlamm der Lehmgruben und im Sommer in den Trockenschuppen oder vor glühenden Brennöfen steht? Worüber soll man reden, wenn man sechzehn Stunden täglich schuftet? Der Arbeitstag in den Ziegelfabriken begann um sechs Uhr morgens und endete frühestens um sechs Uhr abends. Die Männer formten die Ziegelsteine aus Lehm, die Kinder legten sie zum Trocknen aus, schließlich wurden sie gebrannt, und die Frauen brachten sie in Schubkarren zu den Steigern am Fluss Rupel, von wo aus sie mit Frachtkähnen über die Schelde und ein Netz von Nebenflüssen und

Kanälen gen Süden verschifft wurden. Im Winter, wenn die Brennöfen geschlossen waren, schleppten die Männer den Lehmvorrat für den Sommer zu den Schuppen, und die Frauen nähten in Heimarbeit Schuhe und Pantoffel. Für die Kinder hatten sie auch im Winter keine Zeit. Sowieso wurden sie in der Schule schon genug verprügelt.

In Terhagen war eine Kindheit früh zu Ende. Auch für Petrus, der Ende der zwanziger Jahre im Alter von zwölf als *afdrager*, als Steineschlepper, zum Familienunterhalt beizutragen begann. Von den sechs Schuljahren hatte er summa summarum zwei geschwänzt. In den Schuppen lernte er mit sechzehn Agnes kennen. Sie hatte wildes schwarzes Haar, kräftige Schultern, eine schlanke Taille und breite Hüften. Petrus verliebte sich zuerst in ihr Haar. Der Rest versprach Kinderreichtum und mithin ein einigermaßen sicheres Alter. Zusätzliche Nahrung erhielt diese Hoffnung durch Agnes‘ unvergleichliche Art, ihre Schubkarre zu schieben, durch den Schwung, mit dem sie sich ein Dutzend Mal pro Tag auf den holprigen Weg zum Flussufer machte. Petrus blickte ihr hinterher, bis der Staub sie seinen Blicken entzog. So sah er nie die Schiffer, die sie breit lachend am Steiger erwarteten. Am Flussufer nannte man sie „die schwarze Agnes“.

1940, fünf Jahre nach der Hochzeit mit Agnes und drei nach der Geburt des ersten Kindes, eines Sohns, ergab sich für Petrus die Möglichkeit, der Fron in der Ziegelfabrik zu entkommen. Die deutschen Besatzer riefen, unterstützt von Teilen des flämischen Klerus, Flanderns Männer auf, gegen die gottlosen Bolschewiken ins Feld zu ziehen. Petrus folgte dem Ruf, ohne lange zu zögern. Nicht, weil er etwas gegen die

Bolschewiken oder für die Deutschen übrig hatte, sondern weil er die Chance sah, einmal ein paar Jahre lang in staubfreier Luft zu leben und ein paar Franken mehr zu verdienen als in der Ziegelfabrik. Er packte sein Ränzel, küsste weder Frau noch Sohn und stieg in den Zug gen Osten. Bei Königsberg wurde er nicht ins Feld, sondern auf einen Bauernhof geschickt, wo er die nächsten Jahre lang stur und geduldig pflügte, mähte und das Vieh versorgte.

In Terhagen herrschte während der deutschen Besatzung die nackte Not. Die Männer kämpften entweder gegen die Deutschen oder mit ihnen; zurückgeblieben waren nur die Greise und die Idioten, deren es nicht wenige gab im Dorf. Man lebte von dem Gemüse, das man hinter den Arbeiterhäusern anbaute, vor allem von Kartoffeln und Lauch, die in dem lehmigen Boden trotz der Zeitläufte noch immer gediehen. Ein Jahr später aber, 1941, sprach sich das Gerücht herum, dass es drüben in Mecheln, in der Dozijn-Kaserne, Kaffee, Zigaretten und Wein im Überfluss gebe und dass man dort als Serviererin im Kasino ein paar Franken verdienen hinzu verdienen könne. Eines Abends holte Agnes ihr Sonntagskostüm aus dem Kleiderschrank, schminkte sich, brachte den Sohn zu Rosa und radelte zum deutschen Bataillon. Von da an war es vorbei mit dem ärgsten Hunger. Nicht nur Agnes nahm wieder ein wenig zu, auch der Sohn gedieh, und selbst für die Nachbarin fiel hier und da ein Stück Wurst oder ein ganzes Brot ab.

Zwölf Monate später war Agnes wieder schwanger. Kaum jemand glaubte ihr, wenn sie erzählte, ihr Mann habe den langersehnten Heimaturlaub schon nach einer Nacht wieder abbrechen müssen. In Terhagen wurde getuschelt. Aber Agnes ging weiter hoch erhobenen Hauptes durch die Dorfstraße, und kurz nach der Geburt des kleinen Robert nahm sie ihre Fahrten zur Dozijn-Kaserne wieder auf. Auf das Baby musste nun der fünfjährige Karel aufpassen. Als Petrus drei Jahre später und völlig desillusioniert endgültig von Königsberg nach Hause zurückkehrte, hatte er zwei Söhne, von denen er einen hasste. Gleich darauf bekamen Agnes und Petrus noch eine Tochter. Jedoch war aus dem stillen und fleißigen Ziegeleiarbeiter ein schweigsamer, verschlossener und jähzorniger Tyrann geworden, dessen Wutausbrüche im ganzen Dorf gefürchtet waren.

Auch zu Hause duldete er keinen Widerspruch. Agnes, die nach dem Abzug der Deutschen keine Arbeit mehr fand, geschweige denn, dass sie noch arbeiten durfte, blieb nichts anderes übrig, als sich seinem Zorn zu beugen. Wenn der Vater den jüngsten Sohn schlug, hielt sie den Mund. Sie schwieg auch, wenn Karel in seltsamer Wut über seinen kleinen Bruder herfiel. In die Kirche ging die Familie schon lange nicht mehr. Petrus hatte seinen Glauben verloren und sich den Roten zugewandt. Auch Agnes verbot er, noch einen Fuß in die Kirche zu setzen oder gar zu beichten. Dafür nahm er seine Frau ab und zu mit zu Vereinsabenden des Sozialistischen Turnerbunds. Wenn sie einen Blick in die Runde warf, konnte es geschehen, dass er abrupt aufstand, Agnes‘ Handgelenk umklammerte und sie wortlos nach draußen und nach Hause zerrte. Mit ihren vierzig Jahren galt sie im Dorf immer noch als verführerische Schönheit, und sie war zu stolz, um mit ihrem Mann zu reden.

Anfang der siebziger Jahre zog in Terhagen die Neuzeit und damit die Arbeitslosigkeit ein. In den größeren Ziegelfabriken wurden immer mehr Arbeiter durch Maschinen ersetzt. Der Lehm wurde nun mit riesigen Baggern gleich tonnenweise aus den Gruben gefördert, die Ziegelsteine in den modernen Öfen en gros gebrannt und leere Lastwagen erreichten und volle verließen Terhagen über die neue Autobahn E19, die von Antwerpen nach Brüssel und von dort aus weiter in die Wallonie führte. Die kleineren Betriebe gingen einer nach dem anderen pleite. Auch Petrus wurde entlassen, wiewohl als einer der Letzten. Jedoch empfand er, als er eines Abends für immer die Fabrik verließ, eine ähnliche Erleichterung wie damals, als er nach Ostpreußen aufgebrochen war.

Sowieso veränderte sich nicht viel in seinem Leben. Auch weiterhin stand er jeden Morgen um sechs Uhr auf, machte im Garten seine Turnübungen – „beim Einatmen bis drei, beim Ausatmen bis vier zählen“, ermahnte er noch Jahre später seinen Enkel –, strich sich genau fünf Marmeladenbutterbrote und zog los, zwar nicht mehr in die Fabrik, aber mit dem Kinderwagen über die benachbarten Dörfer, um die Arbeitslosenhilfe durch das eingesammelte Alteisen ein wenig aufzubessern. Er war nun über sechzig, weshalb er die Stille, die ins Dorf eingekehrt war, weniger als beängstigend denn als beruhigend empfand. Manchmal setzte er sich einfach an den Straßenrand, wenn der Husten ihn schüttelte. In den Pausen dazwischen blickte er zu den Möwen auf, die, mit den heran stürmenden Wolkenbergen von der Nordsee kommend, mit lautem Gekreische über die Rupel segelten, was ihm ein seltsames Gefühl von Frieden vermittelte.

Um seine Kinder brauchte Petrus sich nun keine Sorgen mehr zu machen. Karel hatte es bis zum Zollbeamten in Antwerpen gebracht und lebte mit seiner Familie im schmucken Dorf Kontich zwischen Antwerpen und Mecheln. Marij hatte bereits mit neunzehn einen Nachbarjungen geheiratet, sorgte tapfer für ihren meist aushäusigen Mann sowie ihre drei Töchter und die Eltern, war auch noch nicht geschieden und verdiente als Putzfrau einen ordentlichen Franken hinzu. Robert hingegen war weiterhin Junggeselle, aber hatte ein gutes Auskommen als Kranführer und war meistens auf Montage in der Wallonie. Sonntag für Sonntag kamen Karel, Marij und ihre Familien zum Kaffeetrinken ins Elternhaus, und dann wusste man sich immer etwas zu erzählen, meistens über die Krankheiten und Todesfälle im Dorf und die sagenhaften Summen, die es bei den diversen Fernsehratespielen zu gewinnen gab. Alle paar Wochen stieß auch Robert hinzu. Wenn er das Häuschen betrat, dann verstummte Petrus, aber da es immer so gewesen war, wunderte sich niemand mehr darüber. Nur Agnes sah bekümmert die Ratlosigkeit in den Augen ihres Jüngsten. Und stets war es Marij, die aufstand, um für den Bruder ein zusätzliches Gedeck aus der Küche zu holen. Dann kam das Gespräch langsam wieder in Gang, aber sowieso verließ Robert meistens mit der zweiten Tasse Kaffee die Tischrunde, um sich aufs Sofa vor dem Fernseher zu legen, wo er blieb, bis der Abend hereinbrach. Einstweilen aber war der Vater im Treibhaus verschwunden, Karel und seine Familie waren nach

Kontich zurückgekehrt und Agnes und Marij machten sich gemeinsam und wortlos an den Abwasch. Da das Küchenfenster zum Garten hinausging, winkten auch Mutter und Schwester Robert selten hinterher, wenn er sich wieder auf die Reise in die ferne, unbekannte Wallonie machte.

So gingen die Jahre ohne viel Aufhebens ins Land, und spät, aber unwiderruflich begann das Dorf sich von den Schlägen des Kriegs und der Nachkriegszeit zu erholen. Weiterhin gab es keine Arbeit in Terhagen. Aber am Dorfrand war eine *verkaveling*, eine Neubausiedlung mit schmucken *fermettes* entstanden, mit Einfamilienhäusern im Stil des fernen Spanien, versehen mit einer Garage, einem Garten und insgesamt ebenso phantasievoll wie stabil. Dort hinein zog junges, kinderreiches Volk, die Enkel der Ziegeleiarbeiter, die in Mecheln, Antwerpen und Boom Arbeit gefunden hatten. Wegen ihres Fleißes waren sie überall beliebt. Aber auch Fremde entdeckten das Dorf. Denn die Lehmgruben waren in den achtziger Jahren zur Industriekultur erklärt, in einem restaurierten Schuppen gar ein „Museum des Rupel-Lehms" eingerichtet worden. Sonntags sausten nun fröhliche Radfahrer aus Boom und Mecheln über den Deich. Petrus beobachtete sie von seinem Garten aus, während er im Unterhemd das Alteisen sortierte, mit Verachtung. War die Rupel nicht dazu da, Lastkähne zu tragen? Der Deich, um die Lehmgruben vor Überschwemmungen zu schützen?

Vier Jahre später war Petrus tot, gestorben an der schleichenden Krankheit, die ihm die letzten drei Jahren seines Lebens zur Qual, das Atmen fast unmöglich gemacht hatte. Für Agnes aber begann eine späte, glückliche Zeit. Denn schon am Sonntag nach der Beerdigung tauchte Robert in ihrem Häuschen auf. Schweigend begann er, das Alteisen aus dem Garten auf den Bürgersteig zu schleppen, wo es wöchentlich abgeholt wurde, bis auch die letzte verrostete Schraube auf dem Schrottplatz gelandet war. Schweigend half er Agnes beim Streichen und Tapezieren. Im Frühjahr pflanzten Mutter und Sohn gemeinsam im Garten Blumen. Als Haus und Hof verschönert, die letzte Erinnerung an Petrus auf dem Sperrmüll gelandet war, im Sommer kaufte Agnes für Robert einen neuen Sessel. So hatten beide es gut, wenn sie Sonntag für Sonntag gemeinsam fernsahen und friedliche Stunden miteinander verbrachten. Über den Vater sprachen sie nie. Auch nicht über Karel, der schon kurz nach Petrus‘ Tod seine Sonntagsbesuche in Terhagen eingestellt hatte. Im Dorf wurde wieder gemunkelt. Aber sowieso ging Agnes kaum mehr ins Dorf. Marij kaufte für die Mutter ein, und eines Nachts im Mai, drei Jahre später, blieb Agnes‘ Herz einfach stehen. Sie starb unbemerkt in ihrem eigenen Bett, und als die Tochter sie am nächsten Morgen fand, war sie weniger traurig denn ergriffen von dem Lächeln auf dem Antlitz der Toten.

Nur Robert, Marij und deren Kinder und Enkel, so war es Agnes letzter Wille gewesen, begleiteten drei Tage später den pompösen Leichenwagen mit der winzigen Urne zur „Ehrenwiese“. Die Brachen hatten sich von einem Tag zum anderen in ein Meer aus Butterblumen verwandelt. Am Fuß des Deichs blühten verschwenderisch die Schwertlilien. Vom Dorf war niemand gekommen. Und niemand von der kleinen Trauergemeinde weinte, als der Bestattungsunternehmer mit professioneller Feierlichkeit die Urne öffnete und die Asche leise auf die Gänseblümchen rieselte. Es war kein Tag zum Weinen. Es war endlich Frühling, und da die Seele der Einzigen, die Robert noch auf die Frage hätte antworten können, warum Petrus ihn nicht geliebt hatte, da Agnes' Seele bereits zwischen den Möwen unter dem zartblauen Himmel schwebte, beschloss Robert an jenem Morgen, diese nie gestellte Frage endgültig in seinem Herzen zu begraben.

So nickte er, kaum hatte der Bestattungsunternehmer die Urne ein wenig hastig wieder zugeklappt, seiner Schwester schweigend zu, und alle kehrten unter wehenden Birkenzweigen zum Friedhofstor zurück. Auf dem sandigen Weg tanzten Sonnenflecken. Im Trauerhaus warteten Kaffee und Brötchen. Erst jenseits des Tors nahm Marij in einer seltenen Aufwallung von Zärtlichkeit Roberts Arm und blickte gerade in sein mageres, verschlossenes Gesicht. Dann trat ein Lächeln in ihre Augen. „Nimm's mir nicht übel, Bruder", sagte sie. „Aber du ähnelst immer mehr dem Vater."

Anstelle eines Nachworts

Das Belgienbild in Deutschland

Rede Seiner Exzellenz Botschafter Dominique Struye de Swielande

In einer Welt, die stark durch die von Medien gemachten Bilder beeinflusst wird, können diese nicht einfach ignoriert werden. Jeder muss sich daher, ob er will oder nicht, für das Bild interessieren, das von einem selbst präsentiert wird. Das gilt auch für eine Nation, auch für Belgien. Deshalb danke ich Ihnen, mir heute Abend die Gelegenheit zu geben, einige Worte über das Bild zu sagen, das man sich in Deutschland von Belgien macht.

Belgien ist für Deutschland allenfalls das „Land der guten Pralinen". Lässt man dieses Klischee beiseite, dann bleibt „der unbekannte Nachbar" übrig. Die geografische Nähe Belgiens scheint – ganz im Gegensatz zu dem, was man erwarten könnte – das Bild eher zu trüben. Was man aus großer Nähe betrachtet, wirkt leicht etwas verschwommen.

Um das Image Belgiens in Deutschland ein wenig näher zu untersuchen, möchte ich nacheinander drei Fragen beantworten:

- Welche Faktoren bestimmen das Belgienbild in Deutschland?

- Wie sieht das präsentierte oder wahrgenommene Bild aus?

- Weshalb ist es für Deutsche so schwierig, die belgische Realität zu begreifen?

Meine Antworten können möglicherweise ein bisschen einfach, provokant oder übertrieben scheinen. Aber ist dies nicht die beste Methode, die Aufmerksamkeit der Zuhörer zu wecken?

Fangen wir mit der Frage der Faktoren oder Akteure an, die das Bild eines Landes im Ausland prägen. Drei Quellen scheinen mir mehr als andere das Image eines Landes im Ausland zu bestimmen, in diesem Fall das Bild Belgiens in Deutschland.

Erstens: die deutschen Medien und insbesondere die Zeitungen und das Fernsehen.

In dieser Hinsicht ist die Situation Belgiens geradezu einzigartig. Mein Land weist wegen der Anwesenheit der EU-Institutionen und der Nato in Brüssel eine ungeheuere Konzentration ausländischer Journalisten auf. Dazu zählen etwa hundert deutsche Auslandskorrespondenten, deren wichtigste Aufgabe es ist, über die Aktivitäten von EU und Nato zu berichten. Wenn Belgien einmal durch ein wichtiges oder skandalöses Ereignis erschüttert wird, dann berichten sie auch darüber, aber der Nachdruck liegt natürlich auf dem Sensationellen. Man kann deshalb selten von einer objektiven und wahrheitsgetreuen Berichterstattung sprechen, vielmehr ist die Berichterstattung häufig gekennzeichnet von einer gewissen Übertreibung des berichteten Ereignisses. Ich stelle außerdem fest, dass, in Ermangelung eigener Nachforschungen, die Quellen manchmal nur die belgischen Zeitungen und flüchtige Kontakte mit Belgiern sind, deren Bekanntschaft man eher zufällig gemacht hat. Wenn ich die Bilanz dessen ziehe, was die deutsche Presse über mein Land schreibt, kann ich daraus nur schließen, dass Belgien das Land der aufeinander folgenden Skandale ist, in dem sonst nichts läuft, ein etwas unnormales Land sozusagen.

Zweitens: das historische und globale Bild, das ein Land von sich selbst verbreitet.

Da die Geschichte Belgiens komplex ist und unsere inneren Streitereien ziemlich zahlreich sind, ist es angebracht, einzuräumen, dass Belgien seinen Teil dazu beiträgt, dass sein Image im Ausland wenig klar, einheitlich und mithin leicht verständlich ist. Dies hat einen Beobachter zu der Aussage veranlasst, dass Belgien in gewisser Weise ein Außenseiter-Land ist. Ich zitiere: „Seitdem Europa als politisches Faktum existiert, und zwar seit mindestens 1500 Jahren, liegt Belgien am Rande; es war irgendwie immer abhängig von seinen Nachbarn. Es steht deshalb unter ständiger Beeinflussung durch das, was die Randgebiete darstellen, wobei viel mehr die Vielfalt als die Einheitlichkeit, eher die Offenheit als die Selbstbehauptung zum Tragen kommen." Wenn man die Entstehung des modernen Belgien betrachtet, kommt man zu der nicht unberechtigten Vermutung, dass es seine Existenz zum größten Teil der Tatsache verdankt, dass niemand wollte, dass es anders wird oder völlig von einer andern Großmacht, sei es von Frankreich, Preußen, Österreich und auch England, beherrscht werde. Belgien selbst wollte ganz einfach nicht holländisch werden. Die anderen wollten ganz einfach nicht, dass es in die Hände einer konkurrierenden Großmacht fallen würde. Alle Großmächte haben es deshalb vorgezogen, Belgien eine eigene Existenz zu gewähren. Und seit seiner Unabhängigkeit haben die Großmächte, darunter Deutschland und, nicht zu vergessen, Frankreich, auch noch in gewisser Hinsicht geglaubt, ihren Willen teilweise dem „kleinen Nachbarstaat“ aufzwingen zu können. Sie haben sogar manchmal den Eindruck vermittelt, über ihren kleinen Nachbarn verfügen zu können. Das erklärt sich auch dadurch, dass Belgien ein Treffpunkt zweier großer Kulturen ist. Um es in geologischen Termen zu formulieren: Belgien befindet sich der Reibungsfläche zweier großer Erdschollen. In einem solchen Gebiet kommt es seit Urzeiten regelmäßig zu Erdbeben. Große Erdbeben fanden statt, wenn die romanisch-französische Scholle sich an der germanische Scholle rieb, kleine Nachbeben gibt es, wenn die Flamen und Wallonen „Streit“ oder „ihren Weg“ suchen.

Drittens: das Bild, das ein Land selbst propagiert oder verbreitet.

Hier liegt das größte Defizit Belgiens. Verglichen mit anderen Ländern unternimmt Belgien nur minimale Anstrengungen, um sich im Ausland zu profilieren, geschweige denn ein Image zuzulegen. In der Tat ist Belgien sehr wenig an einem Image interessiert. Irgendwie hat man den Eindruck, dass die Belgier sich sagen: „Wir sind glücklich zu Hause, lasst uns in Ruhe. Was die anderen von uns denken, interessiert uns ziemlich wenig, ja sogar überhaupt nicht.“ Interessant ist in diesem Zusammenhang, wie wenig Mittel der belgische Staat freimacht, um sein Image zu fördern. In einer Zeitung stand kürzlich zu lesen, dass Belgien beschlossen hatte, in einem Zeitraum von sechs Monaten 27,5 Millionen Belgische Franken für die Lancierung eines neuen Logos auszugeben. Die Autofirma Renault gab im gleichen Zeitraum 361,5 Millionen für Werbung aus. Ein anderes Beispiel scheint mir die Art und Weise zu sein, in der Belgien – im Gegensatz zu den Niederlanden – dem Problem eines Pavillons auf der Weltausstellung in Hannover ausgewichen ist. Die Niederlande schickten ihrer Entscheidung eine lange und wissenschaftliche Studie über ihr Image in Deutschland voraus. Die Entscheidung für den belgischen Pavillon war lediglich das Resultat interner Diskussionen, bei denen es vor allem darum ging, die föderalen, gemeinschaftlichen, regionalen und anderen Komponenten auf einer vorgegebenen Fläche so zu verflechten, dass keine dieser Komponenten zu kurz kam, wobei sich niemand um das belgische Image in Deutschland kümmerte.

Als Botschafter bin ich darüber hinaus immer wieder erstaunt, wenn ich feststellen muss, wie relativ unwichtig für die Teilnehmer an offiziellen Auslandsreisen der Kontakt mit ausländischen Geschäftspartnern ist. Wichtig ist es vielmehr, abends an der Bar Landsleute zu treffen. Um ein gewagtes Bild zu benutzen: Belgien ist gewissermaßen das „weiße Produkt“ in den Verkaufsregalen der Nationen. Auch glaube ich, dass Belgien selbst nicht weiß, welche Attribute denn zu seinem Namen passen, welche besonderen Merkmale anzuführen sind.

Es können verschiedene Erklärungen gegeben werden. Die wichtigste ist sicherlich die doppelte Wandlung, die das Land durchlebt. Das hat zur Folge, dass das Image, oder besser gesagt: das Produkt Belgien hinter zwei neuen Realitäten, einerseits der europäischen und andererseits der regionalen, etwas verschwindet. (Mein britischer Kollege in

Berlin spricht in der Tat von seinem „glorreichen" Land, wie von einem Produkt, das er fördern und verkaufen muss.)

Das belgische Profil hat zum Einen die Tendenz, langsam auszufransen, ja, im Hinblick aufs Ausland wegen der Identifikation Belgiens mit Brüssel, der Hauptstadt Europas, ganz zu verschwinden. Da Belgien sich generell für den Kompromiss einsetzt, um nicht zu sagen, da es regelmäßig der Wegbereiter europäischer Kompromisse ist, haben die Politiker und sogar in Belgien lebende ausländische Bürger die Neigung, zu vergessen, dass es auch eine belgische Meinung und einen nationalen belgischen Standpunkt gibt. Da dieser Standpunkt jedoch meistens kooperativ, kompromissnahe und zustimmend ist, hat er die Eigenschaft, als „unbelgisch" zu erscheinen, da er schon eine Form der europäischen Lösung darstellt.

Die andere Realität, mit der Belgien sich auseinandersetzen muss, ist natürlich die Föderalisierung, ein Zustand permanenten Wandels. Da auch die „Regionen" und „Gemeinschaften" – man könnte auch sagen, die „Bundesländer" und die „Sprachgemeinschaften" – auf ihre Präsenz im Ausland Wert legen, stellen sich dort einige die Frage, ob Belgien sich nun im Stadium der Auflösung befindet oder nicht. Dies macht sich umso stärker bemerkbar, als Belgien im Gegensatz zu den meisten anderen föderalen Staaten manchmal und immer mehr ein Bild vermittelt, in dem die Vielfalt die Einheit überflügelt.

Nach der Erwähnung dieser Faktoren möchte ich mich nun dem Bild zuwenden, das Deutschland sich von Belgien macht. Hier überwiegen für mich drei Eindrücke.

Der erste Eindruck, den man gewinnt, wenn ein Durchschnittsdeutscher über Belgien spricht, ist in der Tat seine Unkenntnis Belgiens oder sein Mangel an Interesse am Land. Um es auf Lateinisch zu sagen: De minimis non curat praetor. Belgien bedeutet in der Tat den Deutschen nicht viel und dafür gibt es eine ziemlich logische Erklärung. Da Deutschland neun Nachbarn hat, darunter zwei große, nämlich Frankreich und Polen, ist Belgien tatsächlich nur einer der sieben Zwerge an Deutschlands Grenzen (die sieben Zwerge zählen zusammengenommen weniger Einwohner als Deutschland selbst – ich möchte allerdings klarstellen, dass Deutschland für die sieben Zwerge nicht immer ein Schneewittchen war). Jeder sollte sich auch daran erinnern, dass Belgien kleiner ist als einige deutsche Bundesländer (wiederholt Ministerpräsident Clement nicht immer wieder gerne, dass Nordrhein-Westfalen das sechststärkste Land der Europäischen Union sogar noch vor den Niederlanden ist?). Belgien hat zum Beispiel genau die gleiche Fläche und Bevölkerungszahl wie das Land Baden-Württemberg. Das mangelnde Interesse Deutschlands an Belgien erklärt sich auch durchaus durch die Nichtexistenz von Problemen zwischen den beiden Ländern. Außerdem gibt es eine große Ähnlichkeit der Ansichten im internationalen Bereich und besonders innerhalb der Europäischen Union und der Nato. Die nicht vorhandenen Konfliktpunkte steigern nicht gerade die Aufmerksamkeit.

Darüber hinaus hat der Umzug der Bundesregierung von Bonn nach Berlin einen gewissen Eindruck von Distanz verstärkt. Während Belgien sich im Rheinland einer nachbarlichen Sympathie erfreute, ging dieser Aspekt in Berlin verloren. In der neuen deutschen Hauptstadt hat Belgien – im Gegensatz zu den Niederlanden – keine Geschichte und keine Präsenz. In den fast zwei Jahren, die ich nun in Berlin lebe, habe ich kein einziges Denkmal gefunden, das in irgendeiner Weise auf Belgien verweist. Die Spuren eines berühmten Belgiers, der nach Berlin kam, um dort zu wirken, des berühmten Architekten Henri van de Velde, wurden leider zerstört. Aber diese Unkenntnis oder das Desinteresse sollten nicht dramatisiert werden – schließlich gibt es eine klassische Regel, die besagt, dass man sich eher für das interessiert, was größer ist, als für das, was kleiner ist.

Der zweite Eindruck, den man erhält, wenn man in Deutschland Belgien erwähnt, ist der eines Unverständnisses; oder zumindest scheint es sehr schwierig, unser Land zu verstehen. Dies ist teilweise auf die Tatsache zurückzuführen, dass jeder – und also auch die Deutschen – versucht, den anderen – in casu die Belgier – über seine eigenen Erfahrungen und Entwicklungen zu verstehen. Dass diese in unseren beiden Ländern ziemlich verschieden sind, liegt auf der Hand. Was ist an Belgien für die Deutschen besonders schwer zu verstehen?

Ich möchte in erster Linie unsere institutionelle Komplexität anführen. Zwar hat Deutschland keinerlei Probleme damit, den Föderalismus zu begreifen, da es sich selbst für dieses System entschieden hat. Ein doppelter Föderalismus mit drei Regionen und drei Gemeinschaften erscheint jedoch recht kompliziert, um nicht zu sagen, unnötig. Deutschland, das einige der besten Theologen der Welt hervorgebracht haben – und Rom kann ein Lied davon singen –, ist sicherlich in der Lage, alle Spitzfindigkeiten zu verstehen, die mit der Dreifaltigkeit verbunden sind. Aus Erfahrung kann ich aber berichten, dass die Deutschen vollkommen abhaken, wenn ich versuche, ihnen die „doppelte Dreifaltigkeit" Belgiens zu erklären.

Außerdem ist es für die Bürger Deutschlands nicht ganz einfach, unsere historische Entwicklung zu verstehen. Belgien schlug und schlägt in gewisser Weise eine Richtung ein, die der Deutschlands genau entgegengesetzt ist. Deutschland, das in seiner Geschichte eine späte und oft schwierige Einigung durchlebte, versteht nicht, weshalb Belgien den Weg einer gewissen „Enteinigung" anzutreten scheint. Deutschland kann sich zu Recht damit rühmen, ein Föderalstaat *par excellence* zu sein, was nicht verhindert hat, dass nolens volens die zentrale Macht der Bundesregierung in der letzten Jahren tendenziell zugenommen hat. Die Verschiebung der Macht erfolgt heute in Deutschland in der Tat eher in zugunsten der Bundesregierung, während in Belgien immer mehr Kompetenzen an die Regionen und Gemeinschaften abgegeben werden. Und diese Entwicklung hat ihren Endpunkt wahrscheinlich noch lange nicht erreicht.

Die Tatsache, dass in einem Land wie Belgien mehrere Sprachen gesprochen werden, ist für die Deutschen ein weiterer Grund zum Staunen. Wenn auch die Verschiedenartigkeiten und die Unterschiede zwischen einem Brandenburger und einem Bayern ebenso groß sind wie zwischen einem Flamen und einem Wallonen, so spricht man doch immer noch die gleiche Sprache, und das verbindet. Die Deutschen wissen immer, dass sie ein- und derselben Kultur angehören. Wenn ich mich abmühe, einem Deutschen zu erklären, dass Belgien im Kleinen ist, was Deutschland und Frankreich wären, wenn sie ein einziges nationales Gebilde wären, so stoße ich stets auf eine Mauer des Nichtverstehens. Dieser Vergleich hinkt aber weniger, als es scheint. Ich kann als Beweis die Antwort zitieren, die mir vor einiger Zeit der ehemalige CDU-Vorsitzende Schäuble gab, als ich ihn zu gewissen Spannungen im deutsch-französischen Verhältnis befragte. Er sagte einfach: „Wundern Sie sich nicht darüber, dass wir einander fremd sind; gerade Sie als Belgier müssten die Situation begreifen."

Der letzte Punkt, den ich hier anführen möchte, um die Verständigungsschwierigkeiten zwischen Belgiern und Deutschen zu beleuchten, ist das Erstaunen der Deutschen im Hinblick auf bestimmte Schwächen in der Arbeitsweise des belgischen Staats, besonders bezüglich der Justiz und der Polizei. Deutschland hat in jeder Hinsicht gewiss eine vergleichbare Kriminalitätsrate, und Pädophilie gibt es auch dort. Was die Deutschen jedoch erstaunt, ist die Tatsache, dass Dutroux auch fünf Jahre nach seiner Festnahme noch nicht verurteilt ist. Deutsche Extremisten, die an einem Pfingstmontag aus rassistischen Gründen ein schändliches Verbrechen, einen Mord an einem Mosambikaner verübt haben, sind in der zweiten Augusthälfte desselben Jahres zu einer lebenslänglichen Haftstrafe verurteilt worden.

Die Unkenntnis, die das Verhältnis zwischen Deutschland und Belgien prägt, bezieht sich aber nicht nur auf die Gegenwart, sondern auch die Geschichte. Befragt man zum Beispiel einen Durchschnittsbelgier über die Geschichte Deutschlands, so stellt man fest, dass das historische Wissen mit Namen wie Friedrich Barbarossa, Friedrich II., Bismarck, Hitler sowie einigen Namen großer deutscher Kanzler, die Deutschland in den letzten fünfzig Jahren regiert haben, auch schon aufhört. Das Bild, das er sich von Deutschland macht, ist dem eines Landes mit einer großen, starken Zentralmacht wie Frankreich nicht unähnlich. Die Substanz des deutschen politischen Systems, das heißt sein föderaler Charakter, wird fast immer vergessen. Einfach vergessen werden auch die tausend Jahre, in denen Deutschland aus einer Unzahl winziger Staaten bestanden hat.

Ähnliche Lücken weisen die historischen Kenntnisse der Belgier von Deutschland auf. Sie wissen nicht, dass es das erste und unumstößliche Prinzip der belgischen Diplomatie während 110 Jahren, von 1830 bis 1940, die Neutralität war. Ganz zu Anfang, ich gebe es zu, war diese Neutralität vorgeschrieben, später entschieden die Belgier sich jedoch freiwillig dafür. Dieses Unwissen erklärt sich im deutschen Unterbewusstsein zu einem guten Teil aus der Identifikation Belgiens mit Frankreich, die darauf zurückzuführen ist, dass in Frankreich und zumindest einem Teil Belgiens die gleiche Sprache, nämlich Französisch gesprochen wird. Vermutlich wird es aber auch durch eine gewisse „Realitätserblindung" hervorgerufen, wie es ein deutscher Historiker, der von seinem eigenen Volk sprach, genannt hat. Wenn von der belgischen Kolonialpolitik gesprochen wird, erinnern sich auch wenige Deutsche daran, dass Leopold II. dank Bismarck den unabhängigen Staat

Kongo als persönliches Eigentum erhielt. Ich könnte noch viele andere Beispiele für die gegenseitige Unkenntnis anführen. Jedenfalls erklärt sie, warum das Bild des Einen vom Anderen nicht immer gut oder richtig ist.

Aber kommen wir zurück auf die Merkmale des deutschen Belgienbilds. Der dritte Eindruck, den in Deutschland erhalten habe, ist der, dass die Deutschen, obwohl sie Belgien nicht gut kennen, eine gewisse Sympathie für die Belgier empfinden, für die Menschen und Bürger. Sie glauben beim Belgier vielleicht weniger Ressentiments zu finden als bei einigen seiner anderen Nachbarn. Sie mögen den schwelgerischen, unkomplizierten und direkten Charakter der Belgier, ihre Fähigkeit, das Leben, gutes Fleisch und Bier zu genießen – mit einem Wort: den breughelianischen Aspekt des Belgiers. Die meisten Touristen kommen dann auch mit dem Bild eines gastfreundlichen Landes zurück, in dem man sehr gut leben kann und dessen Einwohner im Allgemeinen sympathisch sind. Sie finden beim Belgier wahrscheinlich wenig Angabe und Arroganz und freuen sich über dessen Bescheidenheit. Brüssel ist außerdem auch als multikulturelle Stadt bekannt, in der man sich durchaus wohl fühlen kann. Kein Strand ist für die Nordrhein-Westfalen so schnell zu erreichen wie der belgische, und unsere Küste bei ihnen sehr beliebt. Eine weitere Erklärung für die Sympathie, die ich bei Deutschen für meine Landsleute zu spüren glaube, ist wahrscheinlich die Anpassungsfähigkeit der Belgier an Ausländer im Allgemeinen. Belgier zeigen sich schnell bereit, die Sprache des Anderen zu sprechen, und fürchten sich auch nicht vor dem Versuch, ihn zu verstehen. Da

Belgier selten oder nie zur Mehrheit gehörten, wissen sie, dass sie sich integrieren und anpassen müssen. Die spontane Sympathie der Deutschen für die Belgier halte ich für sehr wichtig und positiv.

Im dritten und letzten Teil meines Berichts möchte ich kurz einigen realen Unterschieden zwischen unseren Ländern und Gesellschaften verweilen. Auf keinen Fall ist es angebracht, in meiner Analyse Werturteile entdecken zu wollen. Der Reichtum Europas liegt schließlich in seiner Vielfalt und in den Unterschieden zwischen den Kulturen und den Gewohnheiten. Es gibt offenbar zwischen Deutschland und Belgien einen Unterschied im Umgang mit Ideen und Begriffen, und ihre Wirkung unterscheidet sich von Land zu Land. Man kann in der Tat nicht abstreiten, dass es unterschiedliche Wahrnehmungen und Wertbegriffe gibt. Einige dieser Begriffe, die in unseren beiden Ländern eine voneinander abweichende Bedeutung haben und die ich erwähnen möchte, sind „Macht", „Ordnung", „Staat", „Recht" und schließlich „Ernsthaftigkeit".

Fangen wir mit dem Begriff „Macht" an. Macht ist in Deutschland ein äußerst wichtiger Begriff, und der Deutsche neigt dazu, sie zu verehren. Diese Haltung ist in Belgien nicht zu finden; dort gibt es eine systematische, ja irrationale Art der Infragestellung der Macht. Macht wird bei uns eher als schlecht und korrumpierend angesehen. Der Deutsche hingegen fühlt sich wohl im Schatten der Macht. Er hat also eine natürliche Neigung zum Gehorsam. Die Macht in Deutschland ist dazu da, Gesetze durchzusetzen, während man bei uns dazu neigt, die Macht zu begrenzen und das Kräfteverhältnis zu diskutieren, um einen Kompromiss zu finden. Dort, wo man in Deutschland die Neigung hat, das „Gegeneinander“ und die Opposition zu betonen, gibt es bei uns eine Tendenz, die Ecken und Kanten glatt zu hobeln. Es muss nicht immer Sieger und Besiegte geben. Die Macht muss bereit sein, sich mit bestimmten Realitäten zu arrangieren und nicht über alles entscheiden zu wollen. Die lange Geschichte der Besatzungen, die unser Land gekannt hat, führte ihm die Macht als schlecht vor, während in Deutschland Macht als der natürliche Ausdruck der einen oder anderen Überlegenheit leichter akzeptiert wird.

Ein zweiter Begriff, der von Belgiern und Deutschen unterschiedlich interpretiert wird, ist „Ordnung“. Ohne mich auf die „Ordnung der Dinge“ im philosophischen Sinne beziehen zu wollen, glaube ich jedoch, feststellen zu können, dass das Bedürfnis nach Ordnung in Deutschland ausgeprägter ist als in Belgien. Als ich vor Kurzem das Buch „Geschichte eines Deutschen“ von Sebastian Haffner las, fand ich darin die folgende Erklärung zur Begründung des Verhaltens des Autors: „...schon aus Ordnungssinn“. Ich kann nicht glauben, dass die Motivation eines Belgiers aus Ordnungssinn ersprießen könnte. Der Belgier hat eher die Tendenz, selbst ein bisschen Unordnung zu schaffen, was es ihm unter bestimmten Umständen erlaubt, so zu handeln, wie es ihm beliebt. Wenn der Deutsche sich in der Ordnung wohlfühlt und gerne übers Ordnungsprinzip redet, würde ich sogar so weit gehen, zu sagen, dass der Belgier die Unordnung nicht fürchtet, ja dass er sich sogar eine gewissen Unordnung schafft.

Ein anderer Begriff, der einen sehr unterschiedlichen Platz in der Hierarchie der Werte beider

Länder einnimmt, ist der des „Staates". Wenn für die Deutschen der Staat in gewisser Hinsicht ein Resultat von Macht und Ordnung ist und einen zentralen Platz in ihrem Denken einnimmt, so ist er für die Belgier eher ein notwendiges Übel. Viel wichtiger als der Staat ist dem Belgier „das Individuum". Der Staat kann nicht Vorrang vor dem Individuum haben. Der Staat wird in Belgien noch immer als eine Art Besatzungsmacht betrachtet und nicht, wie in Deutschland, als Garant einer notwendigen und nützlichen öffentlichen Ordnung und als Anweisungsbefugter. Es gibt daher eine jeweils andere Haltung des deutschen und belgischen Bürgers gegenüber einem Staat. Die Kunst, den Staat zu täuschen, nimmt in Belgien die Dimensionen eine zu kultivierenden Tugend an, während in Deutschland der Respekt vor dem Staat als gut und wichtig angesehen wird. Das Buch einer deutschen Journalistin über den belgischen Widerstand gegen die Deutschen im Zweiten Weltkrieg trägt den treffenden Titel „Stille Rebellen". Tatsächlich ist die Neigung zum rebellischen, individualistischen Widerstand eine grundsätzliche Charaktereigenschaft eines jeden Belgiers. Es gibt bei uns wenig Nationalgefühl, da die Belgier in der Tat ein Volk der Individualisten sind, wohingegen die Deutsche nach Meinung Einiger leichter anfälliger für bestimmte Phänomene der Masse sind. So spricht Haffner in seinem bereits zitierten Buch von der „seltsamen Neigung meines Volkes, Massenpsychosen zu bilden" und weiter von „einer Begabung, die vielleicht ein Ausgleich für sein geringes Talent zum individuellen Glück ist". Wenn der Belgier vielleicht kein Staatsgefühl hat, an Zivilcourage mangelt es ihm im Allgemeinen in schwierigen

Situationen nicht – eine Tugend, die Bismarck seinen Bürgern nicht einräumte. Die Fähigkeit eines jeden Belgiers, sein persönliches Glück zu erstreben, erscheint mir allerdings sehr groß.

Unterschiede gibt es in Deutschland und Belgien auch, so glaube ich, festgestellt zu haben, in der Interpretation des Begriffs „Recht". In Deutschland scheint alles, was nicht erlaubt ist, verboten, in Belgien ist alles, was nicht verboten ist, erlaubt. Das Recht nimmt in Deutschland einen wichtigen Platz ein; jedermann bezieht sich zu jeder Zeit auf die Verfassung, die Gesetze, die Vorschriften und die Normen. Das kann ich von Belgien nicht behaupten. Dort besteht die Hauptsorge oder zumindest Beschäftigung einer großen Zahl von Bürgern darin, Mittel zu finden, um das Gesetz – wenn möglich legal – zu umgehen. Den Ursprung dieser Haltung finden wir abermals in der Vergangenheit, in der es für jeden Bürger nützlich oder sogar unbedingt notwendig war, das Gesetz des Besatzers zu umgehen.

Letzter wesentlicher Unterschied zwischen den beiden Ländern ist meines Erachtens die ernsthafte und gründliche Art, mit der man in Deutschland an Probleme herangeht, während man in Belgien eher dazu neigt, die Dinge zu relativieren. Wenn Deutschland sich mühelos mit dem Begriff „Gründlichkeit" identifiziert, so wäre es vielleicht nicht falsch, zu sagen, dass Belgien sich ziemlich gut mit dem Wort „Überflüssigkeit" identifizieren und abfinden kann. Die Gründlichkeit der Deutschen kann in schlechten Tagen auch die Form einer bestimmten „Überlegenheit" annehmen. Jede Diskussion in Deutschland hat die Tendenz, ein, verglichen mit der

Bedeutung, etwas unverhältnismäßiges Ausmaß anzunehmen. Das erklärt sich vermutlich aus der Tatsache, dass jeder innerlich davon überzeugt ist, Recht zu haben, und in der Lage zu sein, den Anderen zur Änderung seiner Meinung zu bringen.

Die vor Kurzem geführte Debatten über die zu benutzende Bezeichnung des Gebäudes, in dem der Bundestag tagt, oder über den „Stolz, Deutscher zu sein“, sind in Belgien kaum nachzuvollziehen. Man kann sie sich einfach nicht vorstellen. Und falls eine solche Diskussion stattfinden würde, sie würde wahrscheinlich schnell burleske Formen annehmen. Der Belgier neigt zu einer Selbstironie oder Selbstverspottung, die man in Deutschland selten antrifft. Dort ist es nicht immer gut, sich lustig zu machen, besonders nicht über sich selbst oder eine Institution, die gemäß ihrer Definition ernst genommen werden soll.

Das sind also einige Punkte, Begriffe oder Faktoren, in denen sich Belgier und Deutsche nicht ähnlich sind. Weil es aber in der Natur der Menschen und der Völker liegt, verschieden zu sein, können wir jedem seine Qualitäten und Fehler überlassen, ohne in Werturteile zu verfallen. Wir sollten daran denken, dass die Unterschiede in Tragweite und Inhalt, die Belgier und Deutsche bestimmten Begriffen wie Macht, Ordnung usw. beimessen, schlicht das Resultat der jeweils eigenen historischen Entwicklung, der unterschiedlichen Traditionen und des eigenen Wesens beider Länder sind. Ich hoffe, dass dieser Versuch einer Beschreibung des Images Belgiens in Deutschland und indirekt auch des Bildes, das man sich umgekehrt in Belgien von Deutschland macht, zu einem besseren Verständnis zwischen unseren beiden Ländern beiträgt. Der Reichtum und die Vielfalt der Kulturen, in denen unser Denken und Verhalten verankert sind, sind eine Chance, kein Handikap.

Dominique Struye de Swielande hielt diese Rede am 18. April 2001 vor der Belgisch-Deutschen Gesellschaft in Brüssel. Struye de Swielande war von Januar 1997 bis Juni 2002 belgischer Botschafter in Berlin und ist seitdem Botschafter des Belgischen Königreichs bei der Nato in Brüssel.

Die Autoren

Benno Barnard

Der „berühmteste Niederländer in Belgien" wurde 1954 in Amsterdam geboren. 1976 Umzug nach Brüssel, 1984 nach Antwerpen. Barnard ist einer der derzeit bekanntesten niederländischsprachigen Schriftsteller. Er zieht seine Wahlheimat seinem Heimatland Holland vor, weil Belgien für ihn „ein Europa im Kleinen" ist. Schrieb Prosastücke, Gedichte, Theaterstücke und Essaybände, darunter 1996 das Belgien-Buch „Door God bij Europa verwekt". Der deutschen Ausgabe mit dem etwas unglücklichen Titel „Europas Bastard" ist der Beitrag zu diesem Buch entlehnt.

Barbara Beuys

Jahrgang 1943, studierte Geschichte, Philosophie und Soziologie, Promotion zum Dr. phil. Sie arbeitete als Redakteurin beim „Stern" und bei der „Zeit". Als Buchautorin veröffentlichte sie u.a. „Familienleben in Deutschland", „Heimat und Hölle. Jüdisches Leben in Europa durch zwei Jahrtausende", „Blamieren mag ich mich nicht. Das Leben der Annette von Droste-Hülshoff" (1999), „Denn ich bin krank vor Liebe. Das Leben der Hildegard von Bingen" (2001). Barbara Beuys lebt in Köln.

Rosine De Dijn

Stammt aus dem ostflämischen Dendermonde (geb. 1942), zog nach Zeitungsvolontariat und Studium in Antwerpen 1966 aus Heiratsgründen nach Deutschland. Von Saarbrücken und Köln aus zunächst

Korrespondententätigkeit für belgische Zeitungen und Rundfunkanstalten. Heute schreibt sie in deutschen Zeitschriften über Belgien, vorwiegend über Architektur, Kultur, Menschen und Leben. Veröffentlichte mehrere Bücher im GEV und zuletzt bei DVA „Frauen im Leben von Rubens" (dem der Beitrag in diesem Buch entnommen ist). Lebt mit einem Fuß in Bergisch-Gladbach, mit einem in Antwerpen.

Freddy Derwahl

Der 1946 geborene Journalist, Autor und Redakteur des Belgischen Rundfunks (BRF) wurde ab 1987 durch seinen Roman „Der Mittagsdämon" sowie durch mehrere Reisebücher im gesamten deutschen Sprachraum bekannt. Sein Buch und seine TV-Reportagen über „Eremiten" erzielten europaweite Resonanz. Derwahl publizierte in der FAZ, in der „Zeit" sowie bei ARTE und ORF. Er erhielt mehrere Literaturpreise und ist Mitglied des PEN-Clubs. Lebt im ostbelgischen Eupen.

Claudia Herstatt

Nach einem fünfjährigen Aufenthalt in Brüssel (1984-1989) war Claudia Herstatt sechs Jahre lang Auslandskorrespondentin für das Kunstmagazin „art" und Pressesprecherin der von Jan Fabre ausgerichteten documenta IX in Kassel (1992). Heute lebt sie als freie Kunstjournalistin in Hamburg. Schreibt seit 2000 die wöchentliche Kunstmarktkolumne für die „Zeit". Im Herbst 2002 erschien ihr Handbuch „Fit für den Kunstmarkt". Ihrer Liebe zur belgischen Kunst haben die Jahre seit ihrem Wegzug aus Belgien nichts anhaben können.

Marion Kaufmann
Geboren 1979 in Günzburg (Deutschland). Studium der Germanistik, Journalistik und Politikwissenschaft an der Otto-Friedrich-Universität Bamberg. September 2000 bis Juli 2001 Gaststudium an der Université de Liège. Veröffentlichungen u.a. für die Süddeutsche Zeitung München, die Augsburger Allgemeine Zeitung, die Schwäbische Post Aalen, das Grenz-Echo Eupen und das Echo Montréal.

Renate Kohl-Wachter
Geboren 1958 als Kind fränkischer Eltern im hessischen Frankfurt, erlebte ihren ersten Kulturschock, als sie 8-jährig ins Südbadische umzog und Allemannisch lernen musste. Ab 1976 Studium der Germanistik und Geschichte in Stuttgart und Tübingen, dann in Bonn und Wien. 1986 kam sie zur „Welt", nach Hamburg, Bonn und Berlin. Seit 1990 freie Journalistin in Brüssel.

Dirk Leyman
Geboren 1965. Studium der Politischen, der Theater- und der Literaturwissenschaften an der Universität Gent. Seine Themen als freier Journalist sind Literatur, Internet und ehtnisch-kulturelle Minderheiten. Zu seinen Auftraggebern gehören u.a. die flämische Tageszeitung „De Morgen", für die deren Bücherbeilage er literarische Reportagen schreibt, und die Literaturzeitschrift „Deus ex Machina". Mehrere Buchveröffentlichungen.

Bernd Meier
Geboren 1948 in Hilden bei Düsseldorf, volontierte bei den „Westfälischen Nachrichten" in Münster und

arbeitete als Reporter beim Magazin „Weltbild“ in Augsburg, bevor er 1983 in die Presseabteilung der Kölner Ford-Werke AG wechselte. Als PR-Manager betreute er u.a. den deutschen Formel-1-Rennfahrer Michael Schumacher. Meier ist heute zuständig für die Regionalen Medien sowie die Sponsor-Projekte des Automobilherstellers. Zu den Hobbys des Journalisten gehört Reisen, von denen er für die Nachrichtenagentur GMS/DPA Reportagen – auch aus Belgien – mitbringt.

Sibylle Offergeld
Sibylle Offergeld (geb. 1939) studierte Zeitungswissenschaft an der Universität München. Nach ihrem Volontariat bei der Neuen Ruhr-Zeitung/Neuen Rhein-Zeitung in Essen und Düsseldorf kam sie als Redakteurin der NRZ nach Aachen. Es folgten Tätigkeiten als Redaktionsleiterin und freier Mitarbeiterin bei verschiedenen Zeitungen, darunter dem Grenz-Echo in Eupen. Wohnt im ostbelgischen Hauset-Raeren.

Walter Rottiers
Der freiberufliche Sportjournalist, Fotograf und Designer wurde 1942 als Sohn belgischer Eltern in Vilvoorde bei Brüssel geboren. 1965 Umzug ins schwäbische Pliezhausen. Dem Radsport, seiner großen Liebe, widmete er bisher zwei Bücher (1991 und 1993) und unzählige Reportagen sowie Cartoons in deutschen und ausländischen Zeitungen und Zeitschriften. Bestritt mit seinen Zeichnungen bereits zehn Ausstellungen in Belgien und Deutschland, die letzte 2001 aus Anlass der Flandernrunde im flämischen Galmaarden.

Marion Schmitz-Reiners
Geboren 1948 in Schongau. Besuch der Deutschen Schule in Brüssel (1963-1968), anschließend Zeitungsvolontariat bei den „Westfälischen Nachrichten“ in Münster, Studium (Politologie und Soziologie) in Bonn, Tätigkeit als Redakteurin der „Brigitte“ in Hamburg, 1983 Umzug – nach Belgien. Heute ist sie Chefredakteurin der deutschsprachigen Zeitschrift „Das BegienMagazin“ in Brüssel und Korrespondentin mehrerer deutscher Zeitungen und Zeitschriften. 1992 erschien ihr Buch „Der Fremde in meinem Bett“ und 1995 „Unsere Perle hieß Marie“ (beide GEV).

Marion Schreiber
Geb. 1942 in Drossen bei Frankfurt/Oder. Im niedersächsischen Bad Pyrmont und Wolfsburg aufgewachsen. Studium der Germanistik, Romanistik und Publikzistik in Freiburg, Göttingen und an der Freien Universität Berlin. Freie Journalistin in Berlin und Bonn, 1970 bis 1986 Redakteurin beim „Spiegel“ in Bonn, 1986 bis 1998 „Spiegel“-Korrespondentin in Brüssel. Autorin des 2000 erschienenen Buchs „Stille Rebellen“ (Aufbau-Verlag), das sich mit dem belgischen Widerstand gegen das Nazi-Regime beschäftigt.

Hermann-Josef Schüren
1954 in einem kleinen niederrheinischen Dorf geboren, lebt seit vielen Jahren in Aachen. Nach einem Studium der Germanistik und Philosophie entschied er sich für ein Leben als freier Schriftsteller. Er mag die kulturelle Vielfalt des Dreiländerecks und hat sich bereits mehrfach mit der Eifel und dem Hohen

Venn beschäftigt. Eine Zeitlang hat er in Eupen gewohnt und seitdem spielt Ostbelgien auch in vielen seiner Erzählungen und Romane eine nicht undeutende Rolle. Letzte Veröffentlichung: „Tod eines Sofamelkers“, Emons Verlag Köln.

Michael Stabenow
Geboren 1955 in Köln. Folgte 1959 unfreiwillig mit Mutter und Geschwistern dem zur Europäischen Kommission gewechselten Vater nach Brüssel. Dort durchlief er bis 1973 zwei Kindergärten (in Etterbeek und Woluwé Saint Pierre) sowie eine Schule (in Uccle). Nach dem Studium in Deutschland und Irland freiwillige Rückkehr nach Belgien mit Wohnsitzen in Hoeilaart, Auderghem, Schaerbeek und Overijse. Seit mehr als zwei Jahrzehnten berichtet er für Zeitungen und Hörfunk aus Belgien. Seit 1990 Korrespondent der Frankfurter Allgemeinen Zeitung (FAZ).

Dominique Struye de Swielande
Von Januar 1997 bis Juni 2002 belgischer Botschafter in Berlin, seitdem Botschafter des Königreichs Belgien bei der Nato in Brüssel. Geboren 1947 in Gent. Studium in Leuven, Gent und London. Doktor der Rechte. 1974 Eintritt in den diplomatischen Dienst. Stationen in Österreich, Nigeria, Simbabwe, Zaire, Genf, zwischendurch mehrmals leitende Posten im belgischen Außenministerium und im Kabinett des Staatssekretärs für Entwicklungszusammenarbeit.

Geert Van Istendael

1947 im Brüsseler Vorort Uccle/Ukkel geboren. Studium der Soziologie und Philosophie in Leuven. Einige Jahre Tätigkeit als Stadtplaner, aus diesen Erfahrungen entstand das Buch „Arm Brussel". Von 1978 bis 1993 war Van Istendael Reporter beim flämischen öffentlich-rechtlichen Fernsehen und profilierte sich dort als Kenner der belgischen und deutschen Geschichte und Politik. Seitdem lebt er als freier Autor in Brüssel. Sein bekanntestes Werk, bereits in der 14. Auflage erschienen, ist „Het Belgisch labyrinth" (1989). Weiter zeichnete er sich als Übersetzer deutscher Dichter wie Goethe, Heine und Brecht aus.